US
OUSE
4pm

2097

ようやくカナダに行きまして

光浦靖子

はじめに

初めは1年と予定していた留学ですが、すでに3年経ちました。語学学校からカレッジに入り、そのカレッジも卒業し、そしてポスグラという3年の就労ビザをゲットし、今はカナダで自分のやりたかったこと、やりたくなったことを少しずつ始めています。まだほにょほにょで形にもなってない、箸にも棒にも、です。ただ私はすこぶる元気です。

この本はカナダに来て1年目、２０２１年7月から２０２２年7月までの語学学校時代の話が中心になります。50歳の留学生の話です。とにかく英語が話せない、聞き取れない、そしてコンピューターが全く使えない、無力とはこのことか、を思い知る毎日です。新しいことを始めると必ずトラブルが起きます。でも、誰かが助けてくれたり、なんかうまいことぬるっと生き抜いています。やっぱ新しい世界を知ることは興奮する。心も体も少し強くなってきた気がします。

もくじ

ブックデザイン・渡部浩美
カバー撮影・山崎智世

ようやく
カナダに行きまして

いざ出発よ

２０２１年７月。成田空港のなんと静かなこと。多くの航空会社のカウンターが閉まっており、がら〜んとしていました。その寂しい空港に、なんともスッポコな空気感の集団が。仲本マネージャー率いる仲本軍団が見送りに来てくれていました。人力舎の後輩芸人、シティ派えのきだけことラバーガールの大水君と、再現ＶＴＲではいつも私役、顔面光浦イズムこと河江さんと、甲子園にいつもいる声の高いおじさん、池ちゃんです。なんだろう。この平和な空気よ。絶対にスクールカーストを下から支えてたであろう人らよ。嬉しい。コロナ禍が始まってから一年以上経った今でも毎日のトップニュースはその日の感染者数で、集まっただけで批難してくる人もいるというのに。そこここで自粛警察が目を光らせているのに。マスクの下の顔がみんなゆるい。「魅力的」という言葉より「へらへら」がしっくりくる笑顔。

彼らは人力舎の後輩の中では仲の良い方ですが、正直、個人的に遊ぶほどの仲ではありません。

「わざわざ、ありがとうね」

「当然です。僕ら光浦チルドレンですもん」

「んなわけないでしょ」

「あははは」

「あははは」

「…………（間）…………ねえ」

これといった思い出がありません。そして普通の芸人さんなら無言が怖く、少しでも間が空こうものなら言葉を詰め込むのですが、彼らは楽しそうにへらへらしているだけです。なぜ来た？　しかし、そういうほんわか謎なぬるいノリが私は……好きだ。

カナダは1週間ほど前から異常気象、ヒートウェーブが来て、ところによると47度を超え山火事が起きているそうです。カナダの夏は通常は湿気がなくて涼しく、クーラーのない家がほとんどだそうです。ヒートウェーブを心配した池ちゃんが熱中症予防の塩とクエン酸の入ったラムネを2袋、餞別《せんべつ》でくれました。ありがとうね。

生き馬の目を抜く芸能界に絶対にそぐわない性格の後輩たちよ。ごめんね。先輩は簡単に言えば……一旦逃げます。でも、「逃げる」と「新しい挑戦」の線引きは曖昧《あいまい》よ。逃げた先に新しい道があるかもしれないし、そしたらマネしてくれていいし、新しい道を見つけられずに戻ってきた頃には浦島太郎で仕事なんて全くなくなってるかもしれないし、そしたらマネしちゃダメだし、とりあえず先輩は実験台になってきますね。

「うーん……まだ早いけど、行こうかな」

「はい（平常心）」

思った以上にあっさり！　ま、私もちょっとお腹が空いてるからフライト前になんか入れときたいし。つーか、最近は小さなことで急に泣き出したりして、しかも涙腺の弁はとうにバカになってて一度泣き出したら止まらなく、この濃度の関係性の後輩の前で泣くのは絶対嫌！　そもそも泣く理由ないし。あ！

もしや私を知り尽くした仲本マネージャーによる、私の感情が揺さぶられないためのあえての無味無臭な人選？　だったら流石だぜ。仲本を見るとウフフとニヤニヤの間の、全く通常運転の顔をしていて、何も読みとれませんでした。

「行ってきまーす!!」

絶対すぐ消すのに、彼らは私がゲートに入っていく姿を携帯カメラで、見えなくなるまで撮り続けていました。ふりだからこそ、優しいよね。

一人ぼっちになりました。ここからずーっと一人です。一人で全てを解決してゆかねばなりません。まずは、どっかのカフェで軽く食事をするか、コンビニを見つけて何かを買うか……全部閉まっとるやないかい！！！　いくらコロナでも「お・も・て・な・し」の国日本だから、どっか開いてると思ったら、100パーセント店が閉まっていました。ホスピタリティはどこだー？　どこだーどこだーどこだー（こだま）。東京オリンピックは延期になりました。オリンピック仕様で所々和風のデコレーションがされてて、それがなんとも寒々しい。私は方向音痴で、よく道に迷う悪夢を見ます。大抵が寂れた街で迷子になる夢です。これは夢なのか？　最後の食事が冷蔵庫の残り物のやっつけだったから……ああ、なんか急に空腹感が増してきました。最近、血糖値が下がるというんですかね、空腹の時、急に体がガクガクとなり目眩《めまい》がすることがあります。やばいよ。なったらやばいよ。

水の自販機を見つけ水だけは確保できました。つーか、なぜジュースの自販機がない？　さて、ボーディングタイムまでゆうに1時間以上あります。手元にあるのは水と池ちゃんにもらったラムネだけ。だって、空港のコンビニで買うつもりだったからぁ、食料なんて何も持ってきてないよ。不安だ。不安だ。不安だ。心なしか、電灯も薄暗い。まばらに座る人たちは皆無言。誰も笑っていない。ここから強制労働の列車にでも乗せられるのかしら。ひもじい。ああ、日本に帰りたい。つーか、ここまだ日本。私は本当に留学したかったのかなぁ？

隔離前半戦

２０２１年７月。カナダのバンクーバー国際空港に着きました。この時期、観光での入国は許されていなかったので、バンクーバーにやってくるのはカナダに住んでる人と、ビジネスマンと、留学生（ワーホリも含め）だけです。空港でビザをもらうだけでも難しいのに、そこにコロナという未知の病が加わり、まあ、やることが多いし難しい。こっちへ行ってチェック、あっちへ行ってチェック、あれ出せ、これ出せ、手続きお遍路です。

長い列のあちらこちらに留学生が。すぐわかります。リュックを背負って、クリアファイルに入れた書類を大事そうに胸に抱いて、真っ白な顔をしてたら留学生です。英語を学びに来てるのに「英語で話しかけないでくれ」オーラがすごい。そういう私も恐怖でいっぱいで同じように真っ白な顔をしていたことでしょう。だってエージェントに何度も言われたんですもん。「絶対にこれと、これと、これと、これと、これと、これと、これを忘れないでください。一つでも不備があったら入国できませんからね」と。これが多すぎるわい！！！！

真っ白な顔をした背の高い青年から声をかけられました。「光浦さんですか？　留学するんですよね？」。正直、匿名になりたくて、プライベートの自由が欲しくてカナダに来たのに……「そうです。光浦です。助け合いましょう」。速攻で共闘関係を結びました。だって相手は政府だよ？　おっちょこちょいを笑って許してくれないのが政府だよ？　一人じゃ不安じゃん？　私たちの会話を聞いていたもっと白い顔をしたメガネの男の子も加わってきました。「僕も不安です」。束《つか》の間《ま》の互助会ができました。

「この書類か？」

「多分」

「違うと思います」

「じゃ、どれ？」

「うーん……わからないです」

「どうするよ？」

無事、空港で受けたＰＣＲ検査のネガティブの結果をもらって、８日目の自己検査キットをもらって、やっと外に出られます。が、それも一瞬。一瞬で互助会のメンバーともお別れになりました。いつかばったり街で出会えるかな？　そしてすぐにタクシーに乗って国指定のホテルでまずは３日間隔離です。

「〇〇ホテルまで」。渋婆での私の初英語です。アジア系の運転手さんは……無視かいなっ！　通じてないのか？　ただタクシーは走り出したので聞こえてはいたようです。

ホテルに着くと、運転手さんがなんか必死の形相で、怒ってるような、泣いてるような、なんか私に訴えてきました。しかし、早口で全く聞き取れません。「パードン？」。なんとか聞き取れたのは「you must」と「20 dollars」だけです。はて？？？

とりあえず20ドルの運賃にチップを20パーセントとして24ドル。しかし細かいのを持ってなかったのでお釣りをもらおうと30ドル出すと、「OK,OK」と急に笑顔になったので、お釣りをくれとは言い出せなくなってしまいました。「あ……うん…あー…オケー」。ま、チップ多すぎだけど、バンクーバー初日だし、ご祝儀ということでいいか。そしてレシートを受け取ると、運賃は15ドルとなってました。

三松ソロバン塾で鍛えた靖子のソロバンが弾かれます。願いましてーは。15ドルの運賃ならチップ入れて18ドル。18ドルでいいところを30ドル?

続いて靖子の想像翻訳機が作動します。

「コロナの疑いがあるアナタを乗せたんですよ。毎日、自分の命を危険に晒《さら》してるんですよ。家族もいるんです。せめて、チップを上乗せしてくださいよ。してもいいんじゃないの? するべきじゃないの? 20ドルがマストとさっき言ったけど、あたしゃ30ドルでも安いと思うがねえ」

最後は梅沢富美男さんの口調になっていました。

じゃあしゃーない。

……でもやっぱ30ドルは多くないか？　なぜこんなにお金にこだわるのかというと……この国指定の隔離ホテルってのが、３日間で18万円もするのです。ちょっと、奥さん、聞いた？　18万ですってよ!!　高い。高すぎる。足元見てる。でも相場はこんなもんらしい。頑張って探せば15万前後のところもあるらしいけど、ごはんがとんでもなく不味《まず》いらしい。エージェントに言われました。「ベランダがついてる方がいいですよ。外の空気吸わないと気が滅入りますよ。あ、食事メニューも多い方がいいですよね？」。当時の私は一応ゴリゴリの芸能人ですから、見栄もありますから「当然ですってよ」と答えていたら、18万になりました。

部屋からは３日間、一歩も出られません。もちろん掃除も入りません。食事はドアの前に置かれます。さて、１泊６万の部屋は？　広さは十分。ただ、シンプル。爆破や落とし穴系のロケの時に泊まる、千葉とかのやたらでかいビジネスホテルみたい。簡素なシャンプーとコンディショナーと石鹸。スリッパなし。パジャマなし。冷蔵庫の中は空っぽ。スナック菓子もナッツもなし。インスタントコーヒーが３日間で３杯分だけ。そして問題のベランダは？　ない。どこにもない。ないじゃないか!!　部屋を見回すと何とも不自然な場所に鉄のドアがありました。まさか？　鉄のドアを開けるとそこは……鉄のドアを開けた、その可動域分だけの、90度の扇形の空間がありました。なんの目的でこれを作った？　体をねじ込むようにして外に出てそこに立つと、ちょうど換気扇の真上になるのでしょうか、油の臭いで胸がいっぱいになりました。

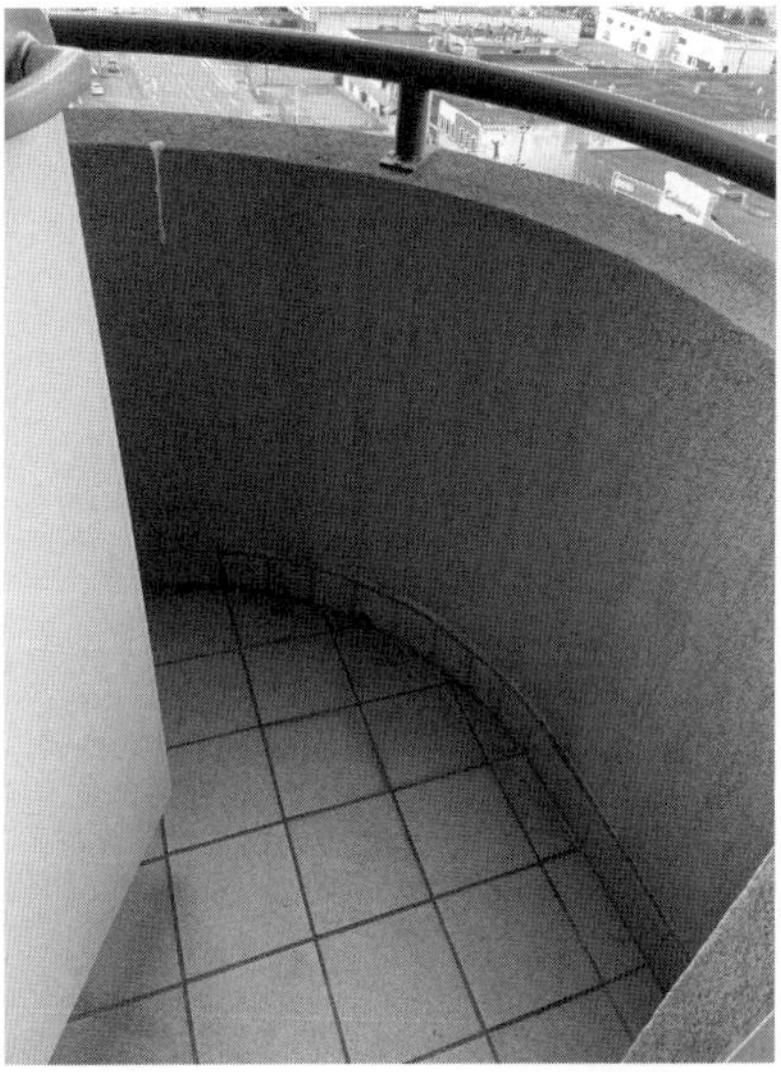

これがバンクーバーの空気かあ……。

食事はどれも妙に甘ったるい油の臭いがして普通に不味かったです。コンビニレベル、いやそれ以下のバーガー、サンドイッチ類と、妙な中華料理、ラーメン風麺類とチャーハン風飯類しかメニューはありませんでした。プラスティックのナイフとフォークがふにゃふにゃで、一人だというのにいつも3つも4つも入ってて、もしもの時用にと持って帰ることにしました。

4日目。エージェントのお迎えの車に乗り、ホームステイ先へ。ノースバンクーバーという、中心街から北にある、山が近い自然豊かな、一軒家の多い地区です。カナダ人の60代後半のご夫婦のお宅に半年ホームステイさせてもらうことになっています。そこはエージェントの一押しのホストファミリーで、もう3桁を超える世界各国からの留学生を受け入れてきたそうです。ホストファーザーは痩せ型メガネ、ジョークが好きないつもDIYをしているケン、ホストマザーは小柄で可愛らしい家事の天才、パズルと読書が趣味のグレンダ。

着いてびっくり。大きな一軒家でした。私は即部屋に隔離だったので後に知るのですが、1階とベースメント（半地下）の2階建のお家で、暖炉のある広いリビングがあり、留学生の部屋は4つもあり、裏庭にはバドミントンコートとジャグジーもあるんですのよ。木造の古いお家ですが、ペンキを塗り替えて、修理をし、常に新築のようです。家具は豪華なものではなく、普通のものを大事に大事に長く使っており、どちらかと言えば質素な感じで、そこがまたソフィスティケイティッドされてるぅ〜と萌えます。電化製品なども20〜30年前のものはザラで、電気を食うから電気代が高くなっちゃうよ、と心配になりました。が、これまた後に知るのですが、バンクーバーの電気代は安いです。私のように一人暮らしだと、1ヶ月、日本円で1500〜1700円といったところです（冬場はヒーターをつけるので2000〜2500円くらいかな?）。あと、水道水が美味《おい》しいです。みんなペットボトルの水なんて買いません。水道水ガブ飲みです。水筒に水道水を入れて持ち歩くのが普通です。そしてその水道代は安そうです。持ち家だと税金に含まれており、賃貸住宅だと家賃に含まれており、みんな「いくらかわからん」のだそうです。ただ、感覚としてはタダだそうです。

2021年7月はまだ、飛行機に乗ってきた＝感染してる可能性濃厚、という扱いでした。「アイムヤスコ。ナイストゥーミーチュー」、マスクをしたまま、確実に2メートル以上離れた距離でこの挨拶だけをし、部屋に入りました。ドアの外からグレンダが説明してくれました。「バストイレは靖子専用になってるから自由に使って。ごはんは毎食外に置いておくから食べ終わったらドアの外に出しておいてね」。グレンダの後ろからホームメイトが「ハーイ」と挨拶してくれました。エミとナホです。どちらも日本人です。コロナのせいで他の国のエージェントは閉鎖しており、日本のエージェントしか活動しておらず、いつもは国際色豊かなこの家も非常事態なんだそうです。

1階の玄関を入ってすぐ右の私の部屋には、大きな茶色い木製の学習机と椅子、ザ・外国の高さのあるダブルベッド、小さな棚と大きなクローゼットがあり、窓からは庭が見えます。十分。快適。最高。留学生の部屋ではこの部屋が一番良いそうです。ちょうど私が来る2日前に空いたそうです。これまた後に知るのですが、私が来る前までいたのは、スイス人の19歳の女の子で、透き通る肌と光る髪の持ち主で、王族かと見紛うほどの品があり、みんなから天使と呼ばれていたそうです。天使の2日後に東洋人のオバサン来たよー。まさに緊急事態だったでしょう。

一人暮らしを30年近くしてきた私は、隣に人がいると眠れません。旅行は必ず睡眠導入剤と耳栓の併用です。いくら寝室は別とはいえ、他人と暮らせるのかしら？　しかし、このコロナ禍では留学生はホームステイするしかないんです。14日間、一歩も外出してはいけないんです。どうやって食料を確保する？　破ったら500万円だか5000万円だか、ちびっちゃうような罰金だよ？　もしもコロナに感染してたら一人で対処できる？

ノックはごはんが置かれた合図です。初めてのランチは、ハムとチーズのサンドイッチに、チョコレートケーキに、フルーツに、コーヒーでした。豪華！

バンクーバーの夏は快適です。日差しは強いが湿度が低く、日本から来た私には寒いくらいで、空は青く、夜の9時過ぎまで明るいです。グレンダが手入れした緑の光る庭を見ながら、小鳥の囀《さえず》りを聴きながら、サンドイッチを頬張ったら涙が出てきました。わからん。このコーヒーカップが桜の柄で、絶対日本人留学生が持ってきたやつで、ちょっと安っぽくて、全然オシャレじゃなくて、でもそれが大切にされてるからかなぁ？

入国8日目。今日は8日目自己テストの日です。コンピューター越しにナースの指示を受けながら自分で綿棒を鼻の穴にぶち込み、それをラボに送り、だいたい2日後に結果が届き、それがネガティブだったら15日目から自由の身、となっております。この結果がない限り、私は外には出られません。破ったら破格の罰金を払って国外追放になります。

コンピューターが苦手な私が英語の説明を読みながらネットで予約をしました。どれくらい苦手かというと、アマゾンで買い物をするのも3回に1回しか成功しない程度の能力です。いっつも「パスワードが違います」と出ます。パスワードを変えてもまた「パスワードが違います」と出ます。こっちゃ金払うつってんのに。奴らは私に買わせてくれません。その程度の能力の私が……心配です。案の定、時間がきてもパソコン画面は変わりません。ヒヤヒヤしながら待っていると、予定時間の5分すぎ、ハル・ベリーのような短髪の美人のナースが画面に映りました。良かった〜。映った！　映った！　繋がった！！！　ばんざーい！　ばんざーい！

「ハーイ、調子はどう？」「ちょっと緊張してる」、そう答えると、なんかベラベラベラーと返されましたが、さっぱり聞き取れません。ヘラヘラしていたら説明が始まりました。お、すんません。

「キットセットから、まずは○○と××を取り出して……」。言われた通りに○○を画面に映し、××を画面に映します。しばらく順調にやっていたら突然ハルがフリーズしました。え？　嫌な予感。声だけは生きています。ハルが言います。「一旦出て、もう一回ログインするから待ってて」と。

30秒後、ちゃんとハルは戻ってきてくれました。そうなんだよ。ハル・ベリーはだいたい責任感の強い役をやるんだよ。顔が似てると性格も似てんだね。もう一度頭から、○○と××を取り出して……とやってたら、またフリーズしました。「もう一回ログインし直すから待ってて」と。どうやら綿棒を取り出そうとするとフリーズするようです。綿棒から妨害電波が出ているのかもしれません。

責任感の強いハルはまた戻ってきてくれました。また頭からやり直し、で、またもや綿棒のところでフリーズし、ハルが言いました。「NO」。そしてスイッチを切って消えてしまいました。

え？　え？　え？　えーーーー？！！！！！　ちょちょちょ、ちょ待てよ！！！！　消えられても、私はどうしたらいいの？　え？　何も教えてくれないの？　なんて無責任！！！！

私は英語もコンピューターもわかりません。どうすることもできません。何が悪かったのかわかりません。私の予約の仕方が悪かったのでしょうか？　Wi-Fiの濃さでしょうか？　風が吹くとWi-Fiは薄くなるのでしょうか？　無力。絶望感。50歳、泣きました。

当時の私は性能のいい翻訳アプリの存在など知らず、国から送られる難しい文章を1単語、1単語訳していたので、理解するのに途方もない時間がかかるのでした。コンピューターの使い方を調べても、コンピューター用語は全てカタカナで何を指しているのか全くわかりません。どうやって再度申し込むの？　それは一体どこに書いてあるの？　もう、何もわかりません。

ひとしきり泣き、策を考えました。私にできることは窓から見張ること。3時間の監視後、エミ？　ナホ？　どっちかが帰ってきました。だって一瞬挨拶しただけで、まだどっちがどっちかわからないよ。窓越しの初会話は「Help me!」。一応英語で言ってみました。

まさに遠隔操作、開け放ったドアの外、3メートル以上離れた位置から「そう、そのボタンです。大丈夫です」と指示を受けながら再度予約をし、日本にいるコンピューターに強い友人にこちらの機器に問題はないことを確かめてもらい、それでも念のためパソコンでなく次回は携帯でやろう、と指示をもらいました。明日、決戦です。

自己ＰＣＲ検査、決戦

翌日。いざ、決戦の日。開けたドアの外にはホームメイトのエミとナホが待機（3メートルディスタンス）、台所にはもしも英語が必要になった場合に備えホストマザーのグレンダが待機（8メートルディスタンス）、総力戦で臨むことになりました。

時間通りに携帯の画面に人が現れました。ヒジャブを被った中東系のナースでした。前日に用意した文章を読みます。「昨日、回線が切れてテストができませんでした。今日はどうにか受けさせてください」と。必死の形相でした。彼女はとても優しく、ゆっくりした英語で「大丈夫よ」と答えてくれました。「じゃあ、予約番号を教えてくれる？」。私が番号を読み上げると彼女が困った顔をしました。「その番号はないわね……」。

嘘でしょ？　嘘でしょ？　嘘でしょ？　パニクりました。「ちょっと待って。そんなわけないから。ちょっと待ってぇ。切らないでぇ」。

また切られてしまったらどうしよう、急がねば。

どうやら私が前回の予約番号をメモっていたようで、新たな予約番号はメールで送られているそうです。しかし、この携帯のビデオの画面をメール画面に切り替えたら、回線が切れてしまうかもしれません。そしたら、また……。

「今、携帯使ってるからメールのチェックができない」。完全にパニクった私に、セコンドのナホから指示が入ります。「靖子さん、パソコンのメールボックスをチェックしてください」。あ、そうだ。今日はパソコンは使ってないんだった。パソコンのメールボックスを開くと、英語のメールばかりです。国からのちゃんと隔離してるかの確認メール、国からのコロナの症状出てないわよねのメール、学校からのコロナのお知らせ、どっかからのコロナのお知らせ、もうね、コロナ絡みのメールが毎日すごく多くて、しかも全部英語だから見分けがつきません。ナースが言います。「○○ラボから確認のメールが届いているはずよ」「今、大急ぎで探してるんですが……」。焦れば焦るほど、アルファベットが読めなくなります。ナースが言います。「パソコンの画面を携帯カメラで映してくれる？　私が見つけるから」。焦った私には英語なんてこれっぽっちも聞き取れません。「わかってます。わかってますから。今、探してますからぁ。お代官様待ってくだせぇ」。

セコンドのエミが叫びます。「靖子さん、携帯のカメラで、パソコンの画面を映して」。

へ？　あそう、そう言ってるのね。携帯の向きを変え持ち直し、カメラでパソコン画面を映します。すると彼女が言います。「Window, window」と。ウィンドウ？

パニクっている私の頭は勝手に解釈するんですね。「あら、最新のWindows使ってるのね？」と。だから私は返答します。「ありがとう。最新式をカナダに来る前に買ったの」。そもそも私はMacを使ってるというのに。トンチンカンな返答をしていたら彼女が言います。「No, no, window」。はい？　何が「window」？

セコンドの2人が叫びます。「窓！　窓！」。窓？？？　私の角度が悪かったらしく、パソコンの画面ではなく窓から見えるグレンダご自慢の庭を映してたようです。「オー、ソーリー」。

彼女は笑って言いました。「Beautiful garden」。

人によりけり。英語の話せない、話の通じない人にイラッとする人、笑う人。無事にテストを受けられました。

私の綿棒は宅配の人が取りに来てラボに届けるはずでしたが、指定時間よりえらい早い時間、テストの前に取りに来て「俺は今日はもう仕事上がるから、もう一回取りに来るのは無理」と断られました。これ。これがカナダスタイル。で、グレンダが荷物集積所まで持って行ってくれることになりました。

さて、あんなに苦労してテストしたのに、結果が届きません。普通は2日後、遅くても3日後にメールで届くそうです。3日待っても来ません。4日目も来ません。心配になってエージェントに連絡しても「ま、カナダですから」としか言いません。

もう13日目の夕方です。明日、届くのだろうか。8日目の自己検査のネガティブの結果が来るまで永遠に隔離を続けなければいけないそうです。何日隔離しようが外出したら犯罪者になるそうです。そんなぁ。一つの疑いが浮かび上がってきました。「私の綿棒がラボに届いていない？」。いい加減なカナダの配送です。途中でなくなることもありましょう。もしも私の綿棒が届いてなかったら、私は自己検査キットを再請求しなければいけません。そしてテストを受け、結果をもらうのに、もう10日はかかるそうです。えええええ？？？？

「質問、困ったことがある方はこちらに」と説明書に書いてある番号に電話しましたが、繋がりません。ずっとコールが鳴るだけです。20〜30分して繋がったら、テープが流れます。「○○の人は1番、××の人は2番、▲▲の人は3番」。早口の英語で何を言ってるのか全くわかりません。電話なんて、日本語だって聞き取りづらいものです。大学生の頃、ラーメン十八番でバイトしていた時、出前の電話を取るのが大嫌いでした。だって、固有名詞が聞き取れないんですもん。建物名にアルファベットが入ってたらもう無理ですよ。

「MSビル」

「エメスビル？……エメス……エビスビール？」「MSビル」「はい？」「はい？」も2回繰り返すと、お客さんは100パー不機嫌になります。聞き取れなくても3回聞くことは無理です。そんな私が、電話で英語？　無理に決まってら一い!!　こうなったら叫ぶしかありません。「ヘルプ　ミー!!」。

また総力戦です。エミ、ナホ、グレンダも電話しまくってくれました。繋がることが奇跡で、繋がったらグレンダに代わります。でも、カナダ人のグレンダですらテープの内容は意味をなしていない、わからない、と。そして奇跡的に人間に繋がっても、結果はたらい回しです。「あっちへ電話して」「こっちへ電話して」で、最初の電話番号に戻ります。

泣くしかありませんでした。

14日目。案の定、結果は来ません。私の綿棒がラボに届いているかすら確認できません。「何か困ったことがあったらなんでも相談して」と語学学校の先生がZoomレッスンで言っていたので、ダメもとで先生に相談してみました。すると「ヤスコ、カナダで辛い思いさせてごめんね。絶対になんとかするから落ち込まないで」と、先生はカナダを代表して謝ってくれました。なんていい先生なんだ！　ありがとうございます。まだ実際に会ってもいないけど、先生のこと一生忘れません!!

カナダに来て本当に感じます。ここは弱者に対して「助けよう」の意識が浸透しています。ドネーション（寄付）の意識がしっかり根付いてます。なのに、困っている人には結構冷たいです。助けが必要な人と困っている人、そこにはズバンと線が引かれています。でも私にはまだその線がよくわかりません。日本人だから、滲《にじ》んだ、混じった線しか見えません。

そして数時間後。先生から連絡が入りました。「たらい回しだった」。その後エージェントからも連絡が入りました。「たらい回しでした」と。「カナダ暮らしでお困りでしたらぜひ相談を」と書かれている日本人のボランティアグループ、ボランティアではないグループにもメールしましたが返事はありませんでした。万策尽きたか。

泣きました。

15日目。自由の身になれたはずの日。自分で何度も電話し、繋がったら拙《つたな》い英語で必死に「私のキットが届いてるか確認して」と訴えましたが、話が通じません。相手が何か言っても、正直、聞き取れません。必死に「確認して」と訴えていると、呆れたようなため息と共にブツッと切られました。

言葉が通じないとは、なんと無力なことでしょう。

「ま、それがカナダだから」。友人が慰めようと私に電話で言いました。のんびり構えられない私が間違ってるのか？

泣きました。

16日目。電話すら繋がらなくなりました。泣きました。

17日目になった深夜2時、ネガティブの結果が届きました。ベッドの中で泣きました。

今思えばたったの2日隔離が延びただけなのですが、当時はこれが永遠に続くんじゃないかと不安でした。ここでは私は外国人です。私はカナダ政府が守るべき人間ではありません。そして何より、英語の話せない私はこの国では完全に無力なんだと知りました。

17日目の朝、ノースバンクーバーの緑の中を、ちゃんと歩ける自分に笑いました。久々に歩いたのに膝がガクガクしてないぜ。

なんと空気が綺麗なことでしょう。ノースバンクーバーは街と自然が共存しています。いつも空が見えます。画角の7割が青です。

驚いたのは、家から徒歩10分のところにハイキングコースがあることでした。はい？　リュック背負って登山靴履いた爺さん婆さんが喜んで集まりそうな、苔むした地面の針葉樹林が、普段使いであるんです。しかもあちらこちらに。小川なんかが流れたりして。夏でも気温が低いので、とにかく蚊がいない。日本に比べ、虫が少ない。そして小さい。最高。
「でもあれでしょ？　隣の家まで車で30分なんて世界でしょ？」。じゃないんです。隣の家は隣にあるんです。しかも大きなスーパーも、ファストフードも、薬局も徒歩5分のところにあるんです。海も近く、カヤック、ヨットが楽しめます。理想郷じゃねーか！

　芝生に覆われた綺麗な公園がたくさんあり、テニスコートもそこここにあり、日本のように混んでいることはありません。だいたい無人です。一時通っていた西馬込のテニスクラブで友達になった、板金加工業者並みに肌を隠したおばさんたちに存分に打たせてあげたい。雑草すら輝き、特に紫色の花が、触れるのを我慢できないほど美しくそして凜《りん》としています。通り過ぎる人と目が合ったらニコッと笑って「ハイ」と私に言いました。

ここでは誰も私のことを知りません。日本で感じてた監視の目がありません。自由だ。なんだかまた涙が出てきました。いやいや日本人だってみんないい人よ。あんなに真面目で、働き者で、でも誰もこんな生活できてなくて、なんでだ？　人のことを一番に考えられるって素晴らしいことなのに、常に人の目を気にして、人に厳しくなって……。理想郷のようなノースバンクーバーにいると幸せです。でもリラックスしながらいつも少し悔しくなります。

【後日談】

随分経ってから、再請求していた自己検査キットが届きました。「なんじゃい！　クソ遅いわー!!」と罵声を浴びせてから、紙、プラスティック、と、きちんと分別して捨てました。こっちはね、ゴミの分別ちゃんとしてるからね。

初登校

2021年7月。カナダでは入国者は2週間の隔離が必要なため、私の初登校はZoomとなりました。私の通う予定の語学学校はエージェントいわく「日本人がいない。いたとてクラスに一人。生徒の年齢層高め。先生のレベルが高くみんな仲良し小さな学校」だそうです。出ました理想の塊。実は2年前にここの学校を見学しており、対応してくれた先生が優しかったのを覚えています。

2年越しの授業です。ど緊張しながらZoomを繋げると、画面に映ったのは、メガネにヒゲの丸々とした白人男性の満面の笑みでした。「ハイ！ ィヤスゥコ」。正しい「Y」の発音は頭に小さい「イ」が入るのね。遠視の眼鏡なのか、ただでさえ大きめの目が団栗眼《どんぐりまなこ》になってて、昭和の時代「ユタではねー」でお馴染みだったケント・デリカットを彷彿させます。バーン（53歳）。

私の拙い英語にも笑顔で大きくうなずいてくれて優しい人だとわかります。よく笑うし、おまけに自分で何か言った後にも笑います。自分の発言（ギャグ的なこと）に笑う人は、私調べによると、気遣いの人が多いです。よかった。この先生なら大丈夫そうだ。

軽い自己紹介が終わると「イヤスゥコ、それじゃクラスメイトを紹介するね」とバーンがパソコンの画面をくるりとしました。そこには20代後半と思われる日本人女性2人が映っていました。

「ぎゃーーーーー！！！！　マジで本物だ!!　光浦だ!!　光浦靖子だよ！　She is famous in Japan!! Comedian! Comedian!」

私の心臓がギュッとなりました。え？　日本人？　日本人がいるの？　しかもこのノリ？

「ぎゃーーー！！！　なんでカナダに来たんですかあ？　会えるとは思ってなかったからちょー嬉しい！　Come on come on! Come here!」

画面の向こうで奇声をあげて、どうやら人を集めているようです。嫌だ。無理だ。

そう思った1秒後に口から出ていました。「私はここでは一学生だから。そういう扱いはやめてください」と英語で。

驚きました。英語なんか話せないのに、怒ると出るもんですね。しかもこの学校は英語以外の言語を使うことは禁止されていますから、嫌味ですね。立派なクソババアになったもんだ……なんて言ってる場合じゃない。

案の定、2人のテンションは急降下、そして無音。気まずい無音になりました。

「………」


さて、この小さな学校、村社会で、今後どうやって生きてゆく？

この学校は上中初級3クラスあり、私が所属するのは中級のクラス。このクラスには日本人は私を含め4人。「ぎゃー」の2人の女性の他に30代の社会人男性が1人。他は、綺麗な顔した携帯ばかり見ているエクアドル人女の子(19歳)、おっとり小柄のコンピューターエンジニアのエルサルバドル人男性(29歳)、男前でやんちゃで討論好きでほとんど学校に来ないベルギー人(21歳)、総勢7人となっております。そう、過半数が日本人です。話が違うじゃねーか！　でもね、しゃーないの。全てコロナ。カナダ政府が門戸を開いた国から順に留学生が集まって来るから仕方がないのです。コロナで多くの語学学校が潰れましたし、対面授業をやれる学校は今、少ないのです。実際、この学校でこの日本人の多さはイレギュラーだそうです。

気まずい無音の後、なし崩し的に授業に入りました。カナダの授業の特徴、やたらとグループワークが多い。人間、人間、パソコン画面（私）の3人組になります。当然、彼女らともグループになります。質疑応答「どっから来たの?」「どこに住んでるの?」「職業は?」「休みの日は何してるの?」。基礎英会話、つまり個人情報の垂れ流しです。が、驚きました。2人とも何事もなかったかのように私を一学生として扱うんですもん。迅速な対応。働く女性。

10代、20代の子らと一緒に勉強するようになってわかったのですが、社会人経験ありとなしの差が本当に大きいです。社会に出たことのある人はやっぱ大人です。なんて言うのかな、スパッと線を引くのが上手。ぎゃーの彼女らは20代後半、学校の先生と銀行員でした。意外。どちらもストレスフルな職業で、海外の解放感を満喫し、ちょい羽目を外し、「ぎゃー」は彼女らなりの歓迎だったようです。……でもやっぱ、目の前でフルネーム呼び捨てって失礼じゃない？（しつこい）

しかし、ゴシップ大好きで人間関係のトラブルがあると張り切っちゃう系の彼女らのおかげで、その後の私のカナダ生活が逆に楽になるのでした。私の知らないところで彼女らが「靖子にテレビの話とか聞かないであげて。普通に、ちょっと年上の留学生の一人として扱ってあげて」と、この小さな学校の日本人村に触れまわったそうです。彼女らが卒業しても、子猫が親猫を見てウンチの場所を自然と覚えるように、来る日本人、来る日本人、だーれも私に芸能界の話を聞いてきませんでした。でも腫《は》れ物に触るような扱いでなく、本当に一人のおばさんとして扱うので、私は「やっぱり若い子らはテレビ見ないから、知らないんだな」と心から思っていました。

後にこの学校を卒業して、ばったり会った元クラスメイト、19歳の日本人の女の子と話をして知りました。私がタレントだと知っていたことは元より、実は彼女のお父さんと極楽とんぼの加藤（浩次）さんは友達だそうです。早く言ってよ！

何かの手違いにより長引いた16日間の隔離が終わり、フィジカルな通学となりました。カナダの夏の日差しは強いです。日焼け止めを塗って、サングラスかけて、お弁当と水道水を入れた水筒をリュックに詰めて。そう、バンクーバーは大人も子供もみーんなリュックを背負っています。リュックにスニーカー、ラフな格好でスーツ姿は皆無です。綿とスポーツのために開発された化学繊維の生地しかこの街では見たことがありません。大袈裟ではないです。そしてこの街ではスパッツは外出着です。みんなお尻の形ぷりんぷりんの丸出しで街を歩きます。日本のように見た目に拘《こだわ》らないので、生きてゆくのは随分と楽です。

あ、ここバンクーバーは移民の都市と言われ、本当にいろんな人種の人がいます。頭に描いてたいわゆる白人のカナダ人は体感、40パーセントてとこです。中国系、インド系の人の多さに驚きます。街では英語だけでなく、いろんな言語が聞こえます。

公共の移動手段といえばバスになります。バスを降りる時、乗客は運転手さんに「Thank you」と言います。カナダでもバンクーバー特有の素敵な文化だそうです。基本、みんなフレンドリーです。知らない人同士でも目が合えばニコリとし、軽く話したりします。バスは乗客が席に着く前に、ビュンと発車します。これに慣れるまでは歌舞伎役者のようにおっとっと、とよろけます。もしも人にぶつかった時、「ソーリー」と言えば「No problem. Are you OK?」と逆に気遣ってくれます。日本のように、どちらが悪いわけでもなく軽くぶつかった後にチェッと舌打ちされ睨《にら》まれることは皆無です。バスでは車椅子とベビーカーとご老人は最最最優先です。

なぜここまで心にゆとりがあるのだろうか。あるカナダ人はキリスト教の教えじゃないかな、と言っていました。法律ではない善悪の基準があるから、と。確かに。最近日本は、優しさよりルールが何より大事って傾向にあるからな。確かに宗教もあるけど、私が思うにもう一つ、やっぱ……カナダは広いから。ぎゅうぎゅうなところがない。満員電車をはじめ、常に知らない人にパーソナルスペースを侵され続けている東京の生活は、ストレスフルにならざるを得ないよ。だって動物だもの。

私のホームステイ先では、前日の夕食の残りがランチとなります。食後、自分で好きなだけタッパーに詰めるのです。そこにホストマザーのグレンダがカットしたフルーツ盛り合わせと、手作りカップケーキかクッキーがついてきます。が、糖質過多になってしまうのでケーキとクッキーは遠慮しているのですが、そんな小さな我慢は糠《ぬか》に釘で、実家に住んでいた18歳以来の1日しっかり3食生活で胃袋はどんどん大きくなり、あれよあれよと10キロ太りました。ストレスなのか、ノンストレスだからか、食欲が止まりません。夕食時に「ナホだってこれくらい食べてるから……」と同じ量を食べるのですが、ナホは19歳！　アンタは50歳！　だんだん自分の年齢を忘れるようになりました。太ったおかげで顔がパンパンになりほうれい線が消え若返った錯覚に陥っていたのですが、下り坂で膝が痛むようになりました。加齢と加重。膝は正直。

授業は楽しいです。バーンはゆっくりクリアに話すし、生徒も英語に不慣れだからゆっくり話すし、リスニングができない私でも授業についてゆけました。何より語学学校ですから、英語がわからなければ何でも質問していいのです。当たり前？　そんな素敵な教育を受けられる世代ですか？　金持ちの学校だったんですか？　私は日本で、質問をすると教師からも生徒からも嫌な顔をされる、という教育しか受けてこなかったので、目から鱗《うろこ》でした。バーンは質問した生徒が理解できるまで根気強く説明をしてくれます。質問した方がお得です。だって楽しい上に記憶に残るもの。質問の数は一生分をすぐに超えました。初めの2ヶ月はただ授業を受けているだけで、少しずつ知識が溜まってゆくようで、正しいことをしてるんだという妙な安心感と肯定感に包まれていました。

バンクーバーは夏以外、とにかく雨が多いです。レインクーバーという、あんまり上手くないあだ名を持っています。冬は毎日雨の上、夕方の4時には日が暮れ真っ暗です。日に当たれないからみんなビタミンDを飲みます。天気のせいで鬱《うつ》になる人も多いです。

やっときた夏。毎日からっと晴れ。一分一秒を惜しむようにみんな外に出ます。この学校の生徒もそう。徒歩5分のとこにカナダプレイスといって海の見える広場があり、そこで毎日、初級、中級クラスはお弁当を食べるのが慣わしのようです。上級クラスはヨーロッパからの生徒が多く、これにはなぜか参加しません。ヨーロッパ人よ、なぜだい？　初級のクラスには日本人は1人、スイス人が1人、トルコ人が1人、コロンビア人が4人です。

クラスメイトに連れられ私もカナダプレイスに来ましたが、だーれも私に話しかけてきません。ぽつん。せっかく留学に来たんだから外国人と会話しないと。「フレンドリー」は日本より世界の方が価値が高く設定されています。気を使って話しかけないなんてのは無価値に等しいです。

「ハイ。ハワユ？」「ハイ」。優しそうな声の小さいコロンビア人の子に話しかけてみました。お弁当美味しそうね。いつ来たの？　いつまでいるの？　で……。頑張って話しかけたはいいが、会話が続きません。あれ？　会話ってどうしてたっけ？　つーか、相手のキョトン顔よ。いやいや、留学ってこういうことでしょう？

言葉もままならない、肩書きも使えない、人間そのものの勝負となった時、私は弱いです。人間の魅力がね……。芸能界でいっぱい見てきました。現れるだけで現場をウキウキさせる黄色い粒子が体から出ている人。言葉を超えた何か。大学1年の初めての合コンで、初めて男性と話をして本当に楽しかったのに、絶好調の笑顔をしていたはずなのに、イラッとした口調で「調子悪いなら帰れば？」と言われたことを思い出します。クラス替え、初めての現場、名前を覚えられるのはいつも最後の方でした。私の体からはどうやら黄色い粒子が出ていないようです。だから一生懸命、喋《しゃべ》るしかないのです。少しでも面白いって思ってもらわなきゃ。広く浅く知識を持って、どんな会話にもついていかなきゃ。魅力がないなら努力しかないでしょ。

が……英語じゃそれができない。話しかけといてすぐに言葉に詰まり無言になってしまいます。「何？　このおばさん？」って、このノリの権化ヤングラティーノたちは思ってるんだろうな。わかるよ。アジア人の笑顔の下手なおばさんに急に隣に座られても戸惑うよね。だったら、日本人が私を紹介しなさいよ。狭い学校なんだから、人と人を繋げなさいよ。だけど今更、日本人に何か頼むのも……まだまだプライドの高い時期でした。

明るい日差しの中、打ち解けるまで2週間、話しかけられることもなく、ただ苦笑いしながら学友たちと弁当を食べ続けました。

語学学校に通う期間は3ヶ月から6ヶ月といったところが平均で、生徒の入れ替わりが激しいです。実は私が登校した時には銀行員女性はもう卒業しており、教員女性はその翌週に卒業しました。

机を並べて勉強したのはたったの1週間の教員女性でしたが、カナダプレイスでの私の孤立っぷりを見ていて、教師の血が騒いだのでしょうか。卒業後のある日、私をごはんに誘ってくれ、ネイティブスピーカーの友人を紹介してくれました。美人でアニメオタクで親日で、どうしてそんなに親切なの？という20代女性ジョーダン。そしてバンクーバーでは絶滅危惧種に指定されている、オシャレです。しかも上級です。ジョーダンは冬場はアウターに日本の半纏《はんてん》を羽織ったり、抽選で当たる缶コーヒーのBOSSジャン、紺色で背中に白色でおじさんの顔の入った古いバージョンを羽織ったりするんですが、それが、それが、ジョーダンが着ると超クールなんですね。黒髪で化粧も薄く、品があって真面目そうに見せて、足にはゴリゴリにタトゥーが入ってて。一目で大好きになりました。

留学生にとってネイティブスピーカーの友達を作るのは至難の業です。留学生にとってネイティブスピーカーの友人は宝です。その宝を私も共有して良いのかい？

それ以来、教員の彼女の誘いは全て乗っかることにしました。つまり仲良くなってゆくということです。現金なものです。

ヘレナに出会う

2021年夏。クラスメイトらと同じようにカナダプレイスでお弁当を食べ続け約2週間、孤立しててても頑張ってヒヒヒと下手な笑顔を振り撒いていた甲斐がありました。初めて声をかけられました。初級クラスにいるヘレナ(コロンビア人)です。彼女は声がデカく、いつもハイテンションで、笑って、怒って、この学校のムードメーカーといったところです。「明日、みんなでビーチに行くんだけど来る?」。

改めて、人間って環境に順応する生き物なんですねぇ。というか、人の意見は受け付けない、渥美半島のミス頑固と言われた私が、これほど周りに影響されやすい人間だったのかと驚いています。学生に囲まれてたら、いつの間にやら心が学生になっているんです。初めの2週間は「勉強してりゃいいなんて、学生ってなんて楽な生き物なんだ」と、社会人の自分が学生を楽しむ、という距離があったのですが、小さな学校の小さな世界が自分の全てになって、視野がグーンと狭くなってくると、今まで見えてなかった小さなことがよく見えてきて、逆にタレントという仕事はどこか絵空事のようになって、あれほど泣きながら執着していた、人生の全てだと思っていた仕事のことはすっかり忘れ、「友達できるかしら」「あの人、なんか嫌な感じだよね」「なんで私だけ英語が上達しないのかしら」でいっぱいになりました。学生がえりです。精神年齢はぐんぐん降下し、現在、小学校高学年女子に最も近いです。もうちょっと前で止めたい。

そんな精神年齢の私に、ヘレナは強すぎます。クラスの中心になるような女子……苦手だったからなぁ……過去の記憶が甦ります。

子供の頃、私はいつもリーダー格の女子に目をつけられました。いい意味で脅威を与える。悪い意味でなんかムカつく。本当の理由はわかりません。明確な、ザ・いじめを受けたわけではないのですが、リーダー格女子のお戯《たわむ》れ「今日からあの子ね。無視ルーレット‼」の必ず一番手のターゲットにされました。そして無視される期間も一番、長かったです。あ、期間が長いの当然です。その他大勢の女子は前例を見て、リーダーのご機嫌取りのノウハウを学んでゆき、無視期間の短縮化、恩赦《おんしゃ》をもらうんですから。恩赦って。でもまさにそんな言葉が当てはまる、独裁が許された残酷な高学年女子の世界。そんなリーダー格の女子とヘレナが重なります。声がデカいし、そう、声がデカいんだよなぁ。なぜか昔から声がデカい人と、腹が減ると機嫌が悪くなる人とは気が合いません。

ビーチへ向かうバスの中で少し会話をし、彼女が29歳で、コロンビアの会社でリモートで働きながら学校に通っていると知りました。「何時間寝てるの？」「だいたい3時間」。ナポレオンか？

バンクーバーの海水は正直、綺麗ではありません。濁《にご》った緑のような茶色のような色をしています。水温はさすがカナダ、山からの雪解け水が流れ込み冷てぇです。海中でバレーボールをしました。風が強く、球はすぐにどっかに飛んでいってしまいます。これは楽しいのだろうか……。でもヘレナは「頑張って続けるよ！」と、みんなを鼓舞します。

「20回続けようね」と大事にラリーしてる時に、なんというか、マンネリに対する抑えられない衝動というか、いい球がきたのでつい「ヤァ!!」と叫びながら、力一杯、海面にアタックしてしまいました。何してんだ？　空気が止まりました。

……………………

するとヘレナが笑い出しました。「ギャハハハハ。ヤスコ、何してんだ？」「いい球がきたから、つい」「ダメだよ。続けるんだよ。ギャハハハハ」。

そこからいい球が来ると誰かが思わずアタックしちゃう、というノリが始まりました。誰がやってもヘレナは毎回、爆笑します。ヘレナが笑うとみんなも笑います。しつこさ、子供並み。そんなに面白いか？

ビーチの帰りにヘレナから「週末に〇〇〇（クラスメイト）の誕生日パーティーがあるけど来ない？」と誘われました。あら、気に入られちゃった？　ヘレナは続けます。「初級と中級の生徒は全員誘ってるから」。あ、全員参加ですか。

誕生日パーティーは複数人で家を借りている学生の、その家の空き地のような庭で行われました。主催者はヘレナ。ヘレナが飾り付けをし、飲み物を用意し、料理を作ります。ゲストは20人はいたでしょうか。度を越した働き者です。ここまで人のために動けるとは。

日も暮れ、お酒もちょっと入ってきたのですが、正直、今ひとつ盛り上がっていませんでした。長いこと在籍している生徒ら数人は楽しそうですが、その他は、私と同じように日が浅いんでしょうか。互いに踏み込めない感じでした。そもそも語学学校の生徒同士、拙い英語では深い会話も難しく、表面を撫でるような会話はすぐに終わってしまいます。言いたいことも言えないフラストレーション。聞き取れない申し訳なさ。

そんな時ヘレナが言い出しました。「みんなの国の曲を1曲ずつかけよう」と。「そして踊ろう！」と。何を言い出すのやら。「まずはコロンビアの曲。はい。そことそこ、ペアになって。私のマネして！」。誰かがヤジります。「でた。女王様」「そう。これは義務だよ！」。

男女をペアにし、ヘレナがお手本を見せます。今まで距離のあった同士も、フィジカルに近くなれば必然と会話も始まります。ジャパニーズには不可能な腰の振りも、できないことが笑いになります。ラティーノたちの腰の振りも上手すぎて笑いになります。お手本通りできなかったペアにはテキーラショット。飲めない人にはヘレナが代わりに飲みます。ダンス、テキーラ、笑い声。ラテンの三種の神器を見たようでした。

「こやつ、できるな」

この時、ヘレナに対する気持ちが変わりました。ガサツなふりをしながら、この人、会話がしやすい環境を作ったよね？

人間みな両思い。こちらが嫌えばあちらも嫌い、こちらが好けばあちらも好くのか、この辺りからヘレナとの距離がぐんぐん狭まっていきました。知れば知るほど驚くばかりで。ヘレナ、コロンビア人、29歳。ヘレナには息子が一人います。今、コロンビアでヘレナの両親と暮らしています。彼は14歳です。そう、ヘレナが15歳の時に産んだ子です。コロンビアって子供産むの早いんだね、じゃなくて。ヘレナいわく、やっぱり「子供が子供を産むとは何事だ」と怒る人らもいたそうです。負けず嫌いのヘレナは誰にも否定させない、と、そこから家事、育児、勉強、仕事、全部こなしたそうです。それ以来、3時間くらいしか眠れないんだそうです。その子供にいい教育を受けさせたいがため、カナダの永住権を獲得するため、留学しているそうです。

知れば知るほど全てが私と反対の人です。ヘレナは数字が好き。コンピューターが好き。車、バイクが好き。でも家事は嫌い。本人は敬虔なクリスチャンではないと言いますが、何かあれば神に感謝し、助けを求めます。毎日、家族と電話します。家族を最優先します。人との付き合い方は、まず一度受け入れてから好き、嫌い、合う、合わない、を決めます。だからみんな誘うんですって。私のように、細かい網の目をくぐり抜けた、私と気が合うに違いない、と思えた人を誘うんじゃないんです。理不尽なことは、しゃーないとあっさり受け入れ、次に何ができるかを考えます。理がないから理不尽なのに、「なんで？　なんで？」と私のように泣きながら自分が納得できる理由を求めたりしません。

コロンビアは政治が不安定だから、いつ何が変わるかわからないし、実際変わったりもしたし、だから受け入れて、そこで楽しむしかないんだ、と言っていました。そこで柔軟に、強くなったんじゃないかな、と。

ヘレナは感情の振り幅がデカいです。私はヘレナから感情に対して、特にポジティブな感情なら多少無責任でもいいんだということを学びました。例えば「嬉しい」という感情。私は、大袈裟にいうと「嬉しい、絶対大丈夫、これは嬉しいこと。さあ喜ぼう」てな感じで、感情は濃度100パーセントの抽出されたものしか、自分が責任を持ってハンコ押せるものしか表していませんでした。でもヘレナは「あ、嬉しそうな予感。イェーイ!! さあ、みんなも一緒に喜んじゃって。乗っかっちゃってー」と、見切り発車でも周りにぶちまける感じです。喜ぶことが好きで、人の喜びにもすぐに乗っかります。もちろん、不機嫌の表現力も相当で慣れるまでは驚きますが、でもやっぱり彼女といるとポジティブな感情が一人で味わうより2倍、3倍になるので、彼女の周りに人が集まってきます。彼女が笑えばみんなも笑うのがわかってきました。

そして、バンクーバーに来て、いろんな国の人と接するようになって思うようになりました。笑いのハードルは低い方が幸せなんじゃないか？と。お笑いの世界で長年働き、お笑いを見る目だけはどんどん肥えて、「あれは面白い」「これは面白くない」「このパターンね」「はいはい、〇〇の変化系ね」なんて批評家みたいになっていって、じゃあ自分は自分のお眼鏡に適うような崇高なお笑いをしているんですか？と自問したら、もう何もボケられなくなってしまって……で、現在の私となります。そりゃ職業だったら笑いのハードルを上げるのは義務でしょう。でも、生きてゆくなら「それ、面白くない」なんて批評する目ごと捨てた方が幸せです。なんだって笑えるんだから。笑うということはハッピーそのものです。

小6の時、盲腸で入院しました。相部屋の4歳くらいの男の子が、いつも時計を見ながら自作の歌を歌っていました。「クジラ、クジラ、今、9時ら」「ゴジラ、ゴジラ、今、5時ら」。術後の私は「お腹が開いちゃうからやめてくれ。痛い、痛い、痛い」と顔とお腹の縫い目を引き攣《っ》らせながら、涙を流して笑っていました。今ではこの歌の何が面白いのかわかりません。でも、これを面白いと笑っていた頃の私には、世界は面白いことだらけだったんだろうな。面白いは探さなくても勝手にやってくるもんだった、と覚えています。

ヘレナはよく笑います。笑いのハードルは相当低いです。面白いから人気者なんじゃなくて、よく笑うから人気者なんです。彼女の口癖は「I can do it」。私の口癖は「I can't do it」。21個年下の彼女は毎日、お母さんのように私の面倒を見てくれます。「ヤスコ、you can do it!」と。「お母さんのように」と表現すると「私はヤスコよりずっと若い」と怒るので「デイケアのように」と言い直すと腹を抱えて笑います。何がそんなに面白いんだろう？

彼女の名前は「灯り」を意味するそうです。私の名前には「光」が入っています。

そこだけは似てるね。

クラスメイトに初めて誘われ行ったジェリコビーチ。

グレンダごはん

ホームステイ。私がこの家にお世話になった2021年の夏から、本当に毎日、毎日、物価は上がっていきます。ここに来た頃、1カナダドルは90円いかなかったのに、その3年後、2024年7月には、118円になります。恐ろしいスカイロケットっぷりです。ホームステイは3食付きでひと月1000ドルです（エージェントに支払っているので実際、グレンダがいくらもらっているのかわかりません）。私がホームステイしていた頃の1000ドルと言ったら日本円で8万9千円から9万3千円てとこですかね。安い！　永遠にホームステイで暮らしたい、そう思うでしょう？　ティッシュやトイレットペーパー、洗濯の洗剤などの日用品も含まれていて、しかもカナダは物価が高いですから。コストコや安売りの時に手に入れないと、トイレットペーパーは1ロール150円てなことになります。

グレンダが言ってました。ヨーロッパ人（大人）の一部で、夏のバカンスにバンクーバーの語学学校に通ってホームステイして遊びまくるのが流行ってるそうです。ホテルやAirbnbを借りるよりずっと安く済むからです。その浮いたお金で週末に国内旅行や近場の国を旅行したりして……一石何鳥だ？　賢いです。

1日3食。朝はそれぞれの学校によって起きる時間が違いますから、それぞれが勝手に起き、勝手に食べます。本当は卵焼きやらハムやらをつけたいのにな、と思う日もありながら、約半年間、トーストだけで済ませました。いやね、最初の説明で「パンはここにあるから、勝手に焼いて食べてね」って言われて、それ以外は説明されなかったから……食べちゃダメかなってて……ロボットか！　変なところで引っ込み思案がでます。

グレンダは刺激物が苦手です。コーヒーに全く興味のないこの家で、自由に飲んでいいコーヒーは業務用サイズのお手頃値段のいつ開けた？なもので、味が……ごめんなさい。自分専用にコーヒー豆を買い、飲んでいました。それは戸棚に入れているので誰でも飲もうと思えば飲めるのに、ホームメイトは誰も手をつけませんでした。さすが日本人。これが他の国の人だったら、飲んじゃいます。飲んじゃうのがワールドスタンダードだと思います。最近、「なんで?」と思うんじゃなく、「あ、こっちが変わってるのかも?」と思うようになりました。

日本人が最も変わってるのは、ご存知、落ちているお金を猫ばばしないこと。ある日、図書館で勉強し、さあ帰ろうとエスカレーターに向かってる時、床に紙幣が落ちているのを発見しました。はて? 手に取って数えてみると締めて25ドルです。結構な金額です。「え? なんで?」。そこはなかなか人通りの多いところです。誰も持って行かないなんておかしくない? すぐに閃きました。「ドッキリだ」と。まだ2021年、コロナの影響もあるから日本のテレビではないでしょう。きっと昨今街に蔓延《はびこ》るユーチューバーでしょう。

先日、図書館の前で、急に後ろから腕を摑まれて「今日家に泊めて」と言われました。え? びっくりして振り返ると、若い男性でした。え? 「ママ、僕、お腹がすいてぇ」。はい？　危険？　安全？　一体どういう状況だ？と頭をフル回転していると、ちょっと離れたところで「ヒャヒャヒャ」と笑いながら別の若い男性が携帯をこちらに向けているのが見えました。ユーチューバーか。頭に来たので絶対に使えないように、すぐ下を向いてただ通り過ぎてやりました。ノーリアクション。一番つまらないやつ。ザマアミロ。このVTR使えねぇだろ。こちとらプロだから欲しい素材ってのわかってるからな。へっ！

というわけで、床に25ドル落ちている？　ドッキリに決まってるでしょう。「驚愕！　お金を猫ばばしない国民!?」って。帰りたいのに、手に取ったからなぁ……日本人を代表してこのお金を届けねば。

図書館のスタッフに聞き、あっちへこっちへ、セキュリティの詰め所まで行き、「お金が落ちていた」と言うとキョトーンとされました。「で？」。いやいや、だから落ちていて。「で？」。私の英語が下手すぎて意味が伝わってないのか。セキュリティは腑に落ちないような顔をしてお金を受け取ると自分のポケットにねじ込みました。「え？」。もちろん書類に何か書き込むこともなく……。

詰め所を出てしばらく待っていましたが「ドッキリでしたー」のカメラはやってきませんでした。セキュリティはきっと……うーん、なんだったんだこの時間。日本人か、私が変わっているんでしょう。


食事はグレンダが一人で作ります。もう何十年も作っているだろうに、毎回、何十年も使っている雑誌の切り抜きのレシピを見て作ります。たまに見ていないこともあります。レシピを出す、これはグレンダのルーティーンなのです。我々はお手伝いしません。来てすぐの頃、お手伝いしようか？と聞いたら、言いにくそうに「一人で作業した方が楽だし、キッチンをあんまり……いじられたくないのねぇ」と答えたからです。かといって触っちゃダメとかじゃなくて、なんでも自由に使っていいんです。わかるぅ。グレンダの気持ち。

ホームパーティーの時、普段料理してない人に手伝われるの、すげぇめんどくさくないですか？　だって「洗った方がいいかなあ？」から始まって「味付けはどうすればいい？」「塩はどこ？」「どっちが塩？」「どれくらい？」「ひとつまみってどれくらい？」にいちいち答えてたら仕事が倍になりますもん。

グレンダのキッチンをいじられたくない気持ちがわかるからこそ、冷蔵庫の中身は触らない、だからのトーストだったのです。

昼食。お弁当は夕食の残りを食後、各自で食べたい量だけタッパーに詰めます。そのタッパーに名前の書かれたいつもの紙（紙も無駄にしない）を貼って冷蔵庫に入れておくと、夜にグレンダが、小さくカットしたフルーツの小さいタッパーと、フォークと、紙ナプキン1枚と保冷剤をお弁当ポーチに入れて、冷蔵庫に入れておいてくれます。初めてお弁当のポーチを開けた時、びっくりしました。3種類くらいのカットフルーツと、グレンダお手製のマフィンと、小さな紙パックのジュースまでついてて。優しすぎて、至れり尽くせりすぎて鼻がツーンとしました。一人暮らしが長かったもので、自分で用意しなきゃ何もねぇ、のたれ死ぬのも自己責任、が当たり前だったので、グレンダの優しさを全て体に取り込みたいと思いました。が、ちょっとシュガーの摂取量がこの歳では心配なので、私はフルーツだけリクエストすることにしました。

語学学校ではたいていの生徒がホームステイです。半分くらいの生徒が私と同じように前日の晩御飯をタッパーに詰めたお弁当を持ってきています。ホスト家族は白人系、フィリピン系、イラン系が多いです。タッパーの中身は家族の出身国で随分変わり、そのホスト家族の愛情がわかります。身長2メートルの水球をやってる19歳のドイツ人の男の子は、「うちのホストファミリーは最悪だ。食事が少ない」と嘆いていました。が、最近、食品の値段は上がり続けているし、彼は私の2倍、いやそれ以上の食事は必要だろうし、ホストファミリーが一概に悪いとも言えないよなぁ、と心の中で思います。そんな周りの生徒たちのお弁当と見比べ、これまた心の中で大人気ないことを思います。私のお弁当が一番だねぇ。フルーツついてる子はいないからねぇ。へっ!! 半分くらいの生徒が自分で作る、買う、などしています。確かに、日本人の生徒の和食のお手製弁当を見ると美味そうだな、と欲しくなったことは多々ありますが、武士は食わねど高楊枝《たかようじ》、プライドで「ひと口ちょうだい」と言ったことはありません。

ヘレナのホームステイ先は値段が安い代わりに食事は全て自分で賄《まかな》うシステムらしく、仕事が忙しい時などランチがりんご1個だけなんてこともあり、見てらんねぇよ、とグレンダの料理をお裾分けしました。ヘレナのポジティブな感情の発露は天才的で、ヘレナが「美味しい、美味しい」と言うのが嬉しくて、グレンダお手製のマフィンやらクッキーやらも貢いだりしました。あ、冷凍庫には常にグレンダお手製のマフィンやクッキーがあって、好きな時にレンジでチンして食べていいのです。で、なくなるといつ焼くのか、新しいマフィンかクッキーが補充されているのです。北米レシピの甘いスイーツを私が食べないようにしてる分をヘレナに貢ぎました。

ちなみに新しく入ったホームメイトのチナミは凍ったままのクッキーを齧《かじ》るのが好きです。一度真似してみたら普段甘すぎると思っていたチョコチップクッキーがちょうど良い甘さになり、ネズミのように前歯でコリコリするのが気持ちよく、1枚を食べるのに長い時間楽しめるので、これはこれでアリだなと思いました。

夕食はみんなで揃って食べます。グラス、カトラリー、お皿を並べるのはみんなでやります。ケンが目を瞑《つむ》って小さな声で「こちょこちょこちょこちょ……アーメン」と言ったらいただきますです。ケンの後に続いてグレンダも小さな声で「アーメン」と言います。私はうっすらですが一応仏教徒なので言っていいのやら、いけないのやらわからないので、口パクで「アーメン」とやっています。いつも3、4品くらい。それぞれが大皿に盛られて、銘々の皿に好きなだけよそいます。野菜、炭水化物が中心です。魚は出ません。グレンダが内陸の州の生まれで、子供の頃から魚を食べる習慣がなく、魚が食べられないのです。アジア料理も随分大人になってから入ってきた味だそうで、味噌、醬油は苦手です。餅米だけでなく、日本人のいわゆるご飯もスティッキー（ねっちょり）ライスと呼ばれるのですが、そのスティッキーな部分が苦手です。でも日本人はお米が好きでしょう？と気を使って月に2、3度くらい米を出してくれます。インドカレーなどで見かける細長いパラパラした米と、ワイルドライスという細い黒い棒みたいなコリコリした歯応えのもの（植物の種子）を混ぜたご飯に、ちょっと醬油味っぽいスープ野菜炒めをかけていただきます。どえらい譲歩です。ありがとうね。美味しい。

　他にも美味しかったのは、コールスロー。豆の甘酸っぱいサラダ。にんじんとレーズンのサラダ。ズッキーニのチーズ焼き。ポタージュスープ。ほうれん草のオムレツ。ジャガイモのグラタン。ラザニア。ミートソースパスタ。サンクスギビングデーにでるターキー。色々……。

　日曜日の朝だけはみんなで一緒に食べます。グレンダがパンケーキか、ブルーベリーのパンプディングを焼くのが決まりです。それにカリカリベーコン、フルーツがついて、ホテルの朝食みたいです。私はしとっとした、ミルクと卵の素朴な香りのパンプディングが大好きでした。


　グレンダの料理は美味しいです。こんなにいい思いをしているのに、でもどうしても和食を欲してしまいます。いかんせん、私の血管にはミソスープが流れておるもので。そして「パンはお菓子」の昭和育ちなもので、小麦粉はどれだけ食べても満腹にならないのです。毎日美味しいご飯をいただいているのに「終わりだよ」の合図が来なくて。食後に何か口寂しくて、で部屋に戻ってスナック菓子を食べるようになりました。ドリトスのチーズ味がしょっぱくて歯応えあっていいのよねぇ。そして、みるみる太ってゆきました。「痩せたいのよねぇ」と言いながらお代わりばかりするわ、お菓子ばかり食べるわ。ゴミは自室のゴミ箱に紙類、それ以外と分別して入れ、それを日中グレンダが回収するので、私がどれくらいスナック菓子を食べたかグレンダには丸わかりです。ちょっと体裁悪くて、スナック菓子の空袋を学校に持って行って捨てたことも何度かあります。ある日、私がお代わりしようと大皿に手を伸ばした時、グレンダが言いました。「イヤスゥコ！　Control yourself!」。自制しろ、我慢しろという意味です。「ひゃーーー！！！」。

しかし、その言い方が面白かったので、この言葉は後にグレンダの持ちギャグのようになってゆきました。

どうしても和食が食べたくて、お鍋を借りて日本米を炊き、ゆかりおにぎりと塩昆布おにぎりを作ったことがあります。日本人留学生が食べているのを見て、どうしても、どうしても、食べたくなっちゃって。その時初めて遠出して日本食材スーパーに行きました。日本で買う2～3倍の値段になるんですね。ひゃ。輸送費や税金がかかるからねぇ。日本で食べていたお煎餅が食べたくて、でもそれは値段が3倍近くなってて、うーん……日本で見たこともないメーカーの安いお煎餅を買ってみました。

家に帰り早速食べてみると、なんじゃ？　明らかに煎餅を食べたことない人が作った煎餅の味！　日本語が書いてあるからといってメイドインジャパンだと思うな。一つ勉強になりました。物価の高いカナダで大事なのは、「そこケチってもしゃーない」を見極めること。

和気藹々ないつもの夕食風景。
大事な英会話レッスンの場でもある。

ある日曜日の朝食。
ロールオムレツ。これにパンがつくよ。

第三勢力あらわる

　2021年秋。目下の私の悩みは、隣の席に座る超ビューティーな19歳のコロンビア人、カミラです。教室の机が6人がけの円卓で、それが結構小さいんです。脇に体温計を挟んでるフォームじゃないと、肘と肘がぶつかっちゃいます。彼女は授業中、いっつも指で長い髪をクルクルしています。黒板を見ながらやると、まさに私の顔の真ん前でクルクルになるんです。たまに髪が私の顔に当たります。10代女子独特のザ・ケミカルなシャンプーの匂い。指のマニキュアを剝がすのも彼女の癖で、そのベロンと剝がしたマニキュアを私の側に捨てるんですね。彼女は私が挨拶しない限り挨拶をしてこない、なんかこう……同じコロンビア人のヘレナには非常に懐いており、ヘレナは「彼女は人見知りだから」と言うんですが、私の左隣に座る彼女は、授業中何かわからないことがあると私を飛ばして私の右隣に座るヘレナに質問します。「今、何ページ？」。それくらい私でもわかるわい！　なんかこう、ババアを一つ下に見てるというか……。そう、これが私の悩みです。逆にすごくないですか？　平和すぎて。英語が大変すぎて脳が溶け出しているのかもしれません。

現在、この学校の35パーセントが日本人、25パーセントがコロンビア人、残りがいろんな国からの生徒、となっております。日本人とコロンビア人、真逆の国民性ですが、これがなんか馬が合うんです。私もここでヘレナというコロンビア人の親友ができました。ヘレナが進級し同じクラスになりました。

歳は私の21個下。結婚し、子供もいます。浮気性の旦那とはほぼ離婚状態で、コロンビアの会社でリモートで働きながら両親含め家族を養っています。来年はここバンクーバーの名門大学ＵＢＣに、しかも奨学金をもらいながら通う予定です。息子に良い教育の場を与えてあげたくて、永住権獲得を目指しています。数学脳で、体力があって、自己肯定感が強くて、喜怒哀楽が激しくて少々ガサツ。

そんなスーパー明るいヘレナがたまに悲しい顔をします。「ヤスコ、私はコロンビアだったら綺麗なマンションに住んで、いつもオシャレを楽しんでたのに、物価の高いカナダではお金を節約することばっかりで、小さな部屋に住んで、働いて、勉強して、しかも一人で……誰が私を守ってくれるの?」と。「ヤスコは誰かと結婚したいと思ったことはないの?」と聞きます。いつも世話になってるヘレナを慰めたい。が、なんと言えば良いのか?

「私はずーっと一人で生きてきたけど、楽しいよ。ぶっちゃけ、親や兄弟に相談も頼み事もしたことないよ。全て自分でなんとかしてきたし。なんとかできなくても自分のせいだし。自分のパワーは全部自分に使えるし」

ヘレナはしばらく黙っていました。英語が通じなかったか、そもそもヘレナが欲しかった答えではなかったのか?

ヘレナが言いました。「すげぇヤスコ。強い。ずっと一人で生きてられるなんて、一番強い人間だよ。本当にずっと一人で!?」と。うん……なんか……ま、明るくなったから良しとしよう。日本と違って他の国は家族との距離が密です。クラスメイトたちはほぼ毎日、家族の声を聞くそうです。授業で「人生で何を一番大切にしてる？」という質問に全員が「家族」と答えていました。私が「好奇心」と答えたらドン引きされました。一人の子が「質問の意味わからなかった？」と言いました。私のように人生で一度もホームシックにかかったこともなければ、結婚もしてない、子供もいない、彼氏もいない、でも楽しく生きてる、は驚きに値するそうです。いい言葉を使えば、自立している、依存していない、悪い言葉を使えば……私は誰のことも受け入れることができないだけだよ。友人からもう一つ、深いところに入れるのが未だに嫌だ。人と憎み合いたくないし。ダメかなぁ？

カナダに来て日本という国の評判の良さに驚きます。そりゃ日本人を前にしてるからってのもあるかもしれませんが、とにかく褒められます。そして日本のパスポートの凄さに驚きます。この赤い小さな冊子があれば、世界のほとんどの国に入国できるなんて、なんて信用度でしょう。

日本人ならうちの国に入れてもいいですよ、の意味がなんとなくわかります。日本人はどれだけ大勢来ても、その国の何かを壊すことはない。いい意味でも悪い意味でも人畜無害。そんな風に思ったのは、この学校に第三勢力となるスイス軍団がやってきてからです。

ある日、うちのクラスにも一人のスイス人がやってきました。19歳の女の子です。子、という文字が全く似合わない、大柄な、大人びた見た目の子でした。

その日の授業はグループワークでした。先生バーンは、手を替え品を替え、楽しい授業を提供してくれる人ですが、たまに行きすぎて、「これ必要？」な時があります。「○○に違いない」の例文を作る練習のため、隣の教室にワイングラスを転がし、ジュエリーを散乱させ、椅子をひっくり返し、ナイフを床に落とし、ロープで人型を作り……豪華客船で起こった殺人現場を再現したこともありました。

今回のグループワークは「この商品をバンクーバーで売ろうプレゼン大会」でした。我々の英語力で？　プレゼン？　パワポ？　なんじゃいパワポて？　ビデオも作る？　つーか、お題が漠然としすぎて理解ができない。普通の授業で十分楽しいのに。

私は髪をクルクルでお馴染みのカミラ、男前やんちゃボーイ（ベルギー人）デニスと、スイス人新入生とグループになりました。初日なのに、新入生が主導権を握ります。おお、強気。日本と違い間違った答えでも堂々と答える、主導権を握りたがる国民性の国もあるので、そこは譲ります。「いいと思うよ」と私が同意したのに、彼女の返事がありません。あれ？　聞こえなかったのかな？　何をやる？　どうする？　話が進むうちに気づきました。この新入生、私の言葉だけ無視してないか？　カミラでさえ私が何か言えば答えます。しばらく黙っておき、明らかに聞こえるボリュームで彼女に質問してみました。あからさまな、混じりっけなしの、完全無視でした。えええええー？？？？？　こんな失礼、人生で初めてでした。こんなことしてなんの得があるの？

翌日、それでも大人だからとグループワークに参加しましたが、どんな発言をしようが、私の言葉だけが彼女には聞こえないようです。ワナワナと震えました。な、な、なんなんだ？　ただでさえ動悸息切れのする「命の母」なお年頃なのに、やばい、動悸が始まっちゃったよ。意地悪で馬鹿な10代が粋がってるだけ？　なんだろう。このザワザワ感。これが、もしや、差別？　私が歳だから？　いや、アジア人だから？　大袈裟に捉えすぎか？

　こんな時は迅速な大人な対応、すぐにバーンにチクりました。学校の人気者ヘレナの横にいつもいて、先生にチクる。これは、もう、スネ夫のポジションじゃないか!!　バーンは言いました。「俺もいろんな10代を教えてきたけど、年配者を馬鹿にするのがたまにいるんだよ。二度と彼女とは同じグループにしないし、グループワークしなくていいよ」と。は？　私がババアだから無視していいの？　は？　儒教学べバカヤロウ。
　もしもヘイトが学校で起こったとなると大問題になります。バーンからは、大事になる前に鎮火したい、そんな感じも受けました。だからあえて軽く話しているような。わかるよ。バーンとは歳が近いし。うん。わかったよ。バーンの意見に乗っかるよ。

この一件で困ったことになったのはバーンでした。やたらとグループワークの多いカナダの授業、バーンはいつも端の生徒から適当に番号を振って「1番同士グループ、2番同士グループねー」とか、トランプを引かせて「同じ番号の人グループねー」、なんてやっていたのですが、私とスイス人の彼女を同じグループにしないように、「えー……こっちから1、2、3……じゃないね……えーと……1、1、2、3で……」とパニクるようになりました。「うーん……もう、ヤスコはヘレナとペア！」。いつもヘレナとペアになるようになりました。

「自分が10代の時、50代のおばさんと喋りたいとは思わなかったでしょ？」

「10代に無視されたぐらいで怒るなんて、おばさん格好悪いよ」。人に言われました。そうだよね。

しかしこの半年後でした。ある飲み会でばったり、この時期一緒に勉強していた20代の日本人女性に会いました。なんかの拍子でこのスイス人の子の話になりました。彼女の席はこのスイス人の子の隣でした。「あの子、失礼だったもんね。私が話しかけると毎回、無視するか『中国語はわかりません』って言うんだよ」。……はい？　ちょっと待って。日本人の彼女はもちろん、英語で話しかけていました。これはアジア人差別なのか？　確証は持てないが、ヤバい。心臓がバクバクしてきた。指が震えてきた。

カナダでは感情的に怒りを表した方が負け、という意識が徹底しています。何が理由でも、怒りの表し方を間違えたら負けです。怒りに飲まれたらダメなんです。失礼な人でも上手に扱えなければ、同じレベルの人間になってしまいます。でも、もうここにはいないスイス人の彼女を思い出すだけでワナワナが止まりません。どうやって怒りはコントロールすればいいのやら。

その後、我らが小さな学校に、続々とスイス人たちがやってくるのでした。

もちろん、彼女のような酷い人はおらず、みんな普通の学生です。あ、一人、20歳そこそこの女の子も大変失礼でした。もうね、2人いたら偏見が形成されちゃうよ。こういう時こそ話をせねば。彼らを知らねば。

聞けばこの学校に来るスイス人生徒たちはみんな小さな村や街からやって来ているそうです。500人の村からって子もいました。想像しました。小さな村から出たことのない、小さな世界しか知らない彼らはそこでは一番勉強ができて、それが自慢で、英語を習いにカナダに来たのに自分より英語の下手な人と会話するなんて時間の無駄だ、と思っている、と。実際、スイス人生徒らの英語のレベルは日本人生徒よりは上でした。もしも私が英語がペラッペラだったら、彼らはあんな態度は取らなかったのでしょうか。取らないで欲しい。差別じゃなくて、ただ若くて無知で無敵と勘違いしてるだけであって欲しい。実際、私が入学してすぐに帰国してしまった30代のスイス人女性は本当に素敵な人でした。いっつも、全部の教室に「グッモーニン!!」とでっかい声で明るく挨拶して回る人でした。彼女が居なくなって「グッモーニン」がなくなってみんな寂しくなりましたもん。彼女の親友は日本人でした。

私がこの語学学校を卒業（２０２２年２月）した後、スイス人が最大勢力になったようです。これまた道でばったり会った元クラスメイトが教えてくれました。そして嘆いていました。「みんな同じ国同士で集まるようになって、昼休みはそれぞれの母語で話すようになっちゃったよ」と。彼女はイスラエルからの生徒で、同じ国の出身者はいません。ヘレナが作った「みんなで」のルールを壊さなかった日本人。周りが母語で話すようになったら母語で話すようになった日本人。ルールには従っちゃう日本人。

シェフになる⁇

日本にいる時、エージェントの人が言いました。「光浦さんなんか外語大出てらっしゃるから。基礎があるから、6ヶ月あればペラペラになるんじゃないですか？」と。そう聞いて留学の期間を長くて1年と設定しました。エージェントの人は軽い調子で続けます。「だいたい3ヶ月くらいで　皆さん、あれ？　なんか聞き取れるぞ、て急になるんですよ」と。が……。

3ヶ月経ってもまーったくこれっぽっちもネイティブの英語が聞き取れませんでした。レジで何か言われてもきょとーんとするだけです。私の英語もなかなか伝わりません。カフェで大好きな紅茶を飲むことをやめました。「アールグレー」が伝わらないからです。何度も「アールグレー」と言わされる恥ずかしさよ。家でSiriに向かって「Earl Grey」と言ったら「earthquake

（地震）」と受け取っていました。カフェラテばかり飲むようになりました。そんなに好きじゃない。もっとも伝わるからです。

日本語は禁止、やれることは全てやってるのになんの進歩もありません。私が聞き取れるのは語学学校の先生のゆっくりクリアな英語と、日本人が話す日本人アクセントの英語と、限られた仲の良い友人の英語だけです。

手続きでエージェントの人に会った時、相談しました。「私がダメなんでしょうか？」。エージェントの人は、はいはい、わかる、わかる、と言わんばかりにうなずきながら言いました。「奇数月なんですよね、不思議なことに皆さん変化が現れるの。だから光浦さんの場合は5ヶ月目に来ますよ。あれ？　耳栓がぽろっと取れたみたいだぞって。耳垢でもつまってたのかな、なんて。あはははは」。

5ヶ月経ってもさーっぱり聞き取れませんでした。耳垢は毎日、お風呂上がりに綿棒でお掃除しております。

語学学校の生徒はみんなそれぞれのお国訛りが強いです。頑として道は譲らん、みたいな発音をする人も結構いて、私は彼らとは会話ができませんでした。癖が強すぎて、ありゃ英語じゃないよ。しかしある日、見たのでした。私がお国訛りが強すぎると思っていた、会話不可能だったコロンビア人とフランス人の二人が楽しく会話をしているのを。え?え?え? ヘレン・ケラーのウォ、ウォ、ウォ、ウォーターの瞬間でした。「ああ、彼らの発音は確かに酷いけど、それ以上に私のリスニング力が酷すぎるんだ!!!」。私のおでこに刻印がされました。「劣」。若い子らは本当に英語をマスターするのが早い。歳のせいにしていいのか、いや、私が劣っているんだ。初めは初級クラスにいたヘレナも、今じゃ私よりずっとずっと英語が上手です。

この頃から焦り始めました。悔しくて夜一人で泣くようになりました。毎日、毎日、努力してるのに、ツルッツルの壁を登っているみたいなんですもん。なんの引っかかりもないんですもん。

バンクーバーは初冬になりました。雨のシーズンになりました。夕方4時には暗くなるようになりました。学校のあるダウンタウンからホームステイしているノースバンクーバーまでバスで45分です。頻繁に来ない、時間に遅れるのはもちろん、驚くことに早く出発してしまうこともザラなバンクーバーのバスを乗り継ぐのは難しく、待ち時間を含めると帰りは1時間30分かかります（朝の行きはなぜかほぼ時間通りに来ます）。

「フィフス　エクスチェンジ」というバスの乗り換え場があるのですが、トイレ一つない、殺風景なところです。そこで大体15分、たまに30分待ちなんてこともあります。まだ夕方なのに真っ暗で、冷たい雨はしとしと降り続けて、人を落ち込ませるのに申し分のない環境がもちろん私を落ち込ませます。

「仕事休んで、何やってんだろう。はあ…………」。

英会話系の本には大体書いてあります。「すべての英単語を聞き取るなんて無理です。まずは聞き取れる単語を繋げてguess（予想）するのです」。

私は言葉を使う仕事を29年してきました。トーク番組など、ゲストの発言の一言一句間違えないように、正しく理解するように努めます。ゲストが話したい方向、その道筋に聞きたいこと（視聴者と私が）、話して欲しいこと（番組が）が埋まってないか探します。見つかった場合は「ここを掘りましょうよ」と誘導する質問を投げかけます。ゲストが発言している最中に考えます。先読みします。guessするのです。だからguessするのは得意なはずだったのですが。

どうしてこうもguessが外れるかねぇ？　トンチンカンなことを私が答えているのでしょうね。質問者をきょとーんとさせるばかりです。一体ネイティブスピーカーは私に何を聞いているの？

私はもっと出来る人間だったのに。いらんプライドは人の進歩を邪魔します。

そのうち私は、質問恐怖症になってしまいました。学校で先生と会話ができていても「ところでィヤスコゥ……」と質問された途端に耳が塞がってしまい、何もわからなくなるのです。中学英語レベルの文章も、疑問形になった途端に理解ができなくなるのです。脳の中で英単語が、水に溶ける紙みたいにバラバラになってふわーっと散って消えてゆくのです。漢字がちっとも書けない姪っ子がおんなじようなこと言っていました。「なんかねぇバラバラになってふわーっとなってゆくのぉ」って。こんな感じなんだ。こりゃご苦労様だな。そりゃ授業中ずっと寝てても仕方ない……いや、仕方なくない。

そして質問恐怖症から次のステップに進みました。話しかけられない。話しかけようとすると英語が全く口から出てこなくなりました。それはホストファーザーケンにまで。私はグレンダとヘレナと2人くらいの学生としか話さなくなりました。

カナダは寒いので眠くなります。人間も動物です。冬眠が必要です。小麦粉中心の食事はなんだかいつまで経ってもゴールがやってこず、永遠に食べられます。常時腹7分目。だから眠いです。カナダの冬はずっと雨です。陽がないので、天気鬱になる人が多いです。頭に靄《もや》がかかったようになって、あれ……私も天気鬱なのか？

世界中どこでも住める強さが欲しい、なんてキラキラした夢を持ってここに来たんですけどね……。

語学学校には社会人を経験した大人も数人います。特に先進国でない国出身の人が多いです。彼らは永住権を本気で取りに来ています。そのために必要な大学、カレッジへ進学するそうです。本気度が違うなぁ。生きてゆくためだもんなぁ。自分は何やってんだ？

私はいつも呼吸をするように最悪なことを想像してしまいます。無から悩みを作り出せる恐ろしい能力を持っています。だから私は重要な物事ほど考えることをしません。なぜなら、考えたらハッピーな未来を想像できるわけなく、「やらない」という選択肢しかなくなるからです。だから何も調べず、何も考えず、直感で進学することに決めました。早っ!!

よそはよそ。うちはうち。私は私。私は英語をマスターするのに人の何倍も、びっくりするくらい時間がかかるんだ。昔からいっつも、みんなが出来ることが自分には出来ないって泣いてたじゃないか。じゃ、それにはもう馴れっこだろうよ。いいじゃないか、こうなったら英語を喋れるようになるまで帰らねえぞ。金？　ネットで罵詈雑言浴びながら血流して稼いで貯めた金をいつ使うんだよ？　今だろ！

とにかく第一目標は英語が話せるようになること。でも英語だけ勉強するのは飽きる。自分の興味のあること……幼児教育だ！　保育士さんになるのは幼い頃からの夢でした。ここバンクーバーは移民の街で、いろんな人種の赤ちゃん、子供がいます。みんな可愛いです。片っ端から遊びたい。片っ端から合法的に、堂々と抱っこしたい。今から叶えてやるぜ！

天気鬱を疑うほどだったのに、急に元気になりました。ドリトスのチーズ味の赤いでっかい袋を一気喰いしました。あ……ストレスいっぱいの時も1袋一気喰いしてましたけど。いいですか？　同じ出来事を悲観的に捉えるか楽観的に捉えるかが大事なんですよ。コップに水が半分しかない、コップに水が半分もある、どう捉えるか。私はドリトスをストレス喰いしたんじゃない、はらぺこ喰いしたんだ。こう思える私の心は健康だ。

思い立ったが吉日。すぐにカレッジ見学に行きました。しかし、「子供の頃、めちゃイケ見てました」という担当してくれた明るい日本人スタッフの方に暗い声で言われました。幼児教育のコースを受けるには、私の今の英語力では難しく、1年、英語クラスを受けなければならないそうです。ただ時期が悪く、約1年後、翌年の9月から英語クラスは始まるそうです。それから2年幼児教育を勉強して、保育士の免許が取れるのは4年後だそうです。4年？ 人の倍かかっても、とは思っていましたが、今から4年は長すぎる。想像ができない。

これでもかと言うくらいのおちょぼ口で言いました。「諦めます」。小さな光が消えてしまいました。スタッフさんもしょぼーんとしてしまいました。

帰ろうと立ち上がった時、スタッフさんが言いました。「ああああっ！ 料理に興味ありますか？」と。料理ぃ？ 本を見て凝った料理を作ったことはないです。でも料理すること自体は全く苦ではなく、将来は小さなカフェか食堂を経営したいな、と思っていますから……好きですかね？　「いい学校がありますよ！」。

　聞けば、そのカレッジは料理界ではそれなりに有名なところらしく、そこを卒業したとなると就職先はすぐ見つかるそうです。２年のコースを終えると３年の就労ビザがもらえるそうです。在学中も働くことができるそうです。そして現在、バンクーバーで永住権を取りやすい職業は、ナース、保育士、シェフ、なんだそうです。そして入学時に求められる英語力も低く、もしかしたら受かるんじゃないか？　だそうです。これは運命！　デスティニー！　神のお導き！　無宗教だけど!!

「ただ、人気のカレッジなんで、コロナ前は1年待ち、２年待ちなんてのが当たり前だったんですが……今はチャンスかも」

　とんとん拍子に話は進み、２０２２年の３月からカレッジに通うことになりました。私、シェフになります。

人生初のハロウィンコスプレは喪服姉妹の姉。

サボるときも一緒。

隔離中の食事。

隔離中初めての食事。

猛暑の東京から来たすぐの私にはカナダの夏は寒く、
いつも靴下、時にヒートテックを履いている。

バドミントンコート。夏はほぼ毎日、夕食後にプレイ。

ケンとグレンダの孫。
よく一緒にプロレスをして、
よく一緒に怒られる。

ケンとグレンダの
家族が来たときはパーリーに。
BBQ の手伝い。

バンクーバーのよくあるトレイル。
このレベルがざらに。
自然と街の共存に感動。

結構な山道を歩きJoffre Lakesへ。
帰りの下り坂で膝がぶっ壊れる。

ありえないほど美しいJoffre Lakes。丸太を歩けず這っているのが私。

ビーチの夕陽。

隔離後の初遠出でブルーベリーピッキング。
といっても車で40分くらい。
カナダのブルーベリーは本当に美味しく、
夏の安い時期に買いだめして冷凍保存。

ケンのお友達に
マッシュルームピッキングに
連れて行ってもらうが、
カナダ人の強靭な足腰に
全くついてゆけない。

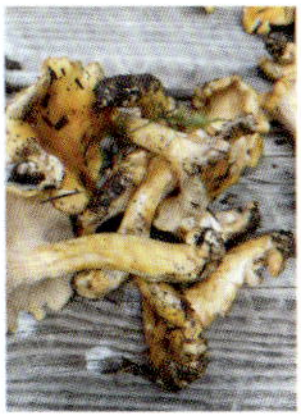

スープにして食べました。

ハロウィンは教師も生徒もみんな仮装して授業。

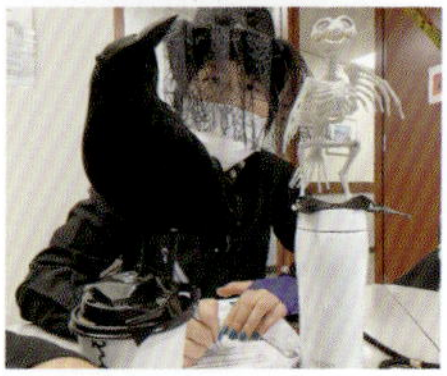

ジョーダンと
Jimmy O. Yangの
コメディショーに。

夏場、学生たちとお弁当を食べたカナダプレイス。

オバンジャーズ登場

　ある日突然、「カレッジに行って料理を勉強する。あたし、シェフになる!!」と決め、あれよあれよと入学許可ゲットまで行ったのですが、問題が発生しました。

　この学校は「卒業したら即戦力」をモットーにしているらしく、そのために肉体改造すらしてくれるのか、朝の7時から授業が始まります。ああ、これなら「朝一番早いのは～♪」でお馴染みのパン屋でも働けるわね……って早い！　早すぎる！　超夜型の私は、東京ではいつも朝の4時に寝ていました。寝る時間と起きる時間の大逆転です。現在ホームステイしているノースバンクーバーからだと学校までのちょうど良いバスがありません。朝5時のバスに乗って6時10分に到着するか、次の6時のバスに乗って7時10分に到着するか。学校で50分潰すか遅刻するか。5時のバスに乗るには何時に起きれば良いのやら。引っ越すしかありませんでした。

なんの不自由もないし、ケンもグレンダも優しいし、ホームメイトも20代、30代、40代、50代、皆歳が違うのが良かったのか、日本人同士でも日本語を使わなかったのが良かったのか、労《いたわ》り合うけど深入りしないし、最高の環境なんだけど。

不思議なことに、誰もこの家を出ていくと言ってなかったのに、ホームメイト皆が同じような時期に出ていくことを決めていたのでした。ナホは進学、エミは就職、チナミも進学。留学生は大半が半年以内に帰国するのに、全員カナダに残るのも奇跡です。

潮時です。充分堪能させてもらいました。私も50歳、ゴリゴリに動ける時間はそう長くないでしょう。次のステージに進まなきゃ。

さて、引っ越すと決めましたが、バンクーバーは住宅不足で家を見つけるのは相当難しいらしいです。ここ10年、家賃もバカ高くなってきて、歯止めが利きません。しかもろくに英語も話せない私がどうやって家を借りる？　何にもわからない（涙）。バンクーバーに住んでいる友人で作家の西加奈子さんが、「みんな頼れる人たちやでぇ」と、私を日本人ママ友会に入れてくれました。旦那さんはみんなカナダ人。バンクーバーの生活の方が長いベテランたちです。税理士にビザ申請のプロ、学校職員にカメラマン。とにかく仕事が早い、なんでもちゃっちゃか、ぱっぱかやっちゃう人たちです。私が入学の手続きでエージェントとトラブった時に、お金、ビザ、学校事務手続きのプロでしょう？　一瞬で解決してくれました。誰かが「オバサンばかりのアベンジャーズだからオバンジャーズだな」と言いました。あまりのネーミングの下手さに笑ってしまい、そこからこのライングループ名は「オバンジャーズ」となりました。

オバンジャーズが教えてくれました。まず、どの地区が安全か。バンクーバーは基本、安全な街ですが、地区によってはホームレスの人、薬物依存症の人が多いです。特にヘイスティングストリートの両側にはテントがずらっと並んでいて、テントでも道端でも大勢の人が寝そべっています。しかしそうなってしまうのには事情があり、政府も、バンクーバーの人たちも理解を示しています。が、年々、その人数は増え続け、そして犯罪も増えてしまい、大きな問題の一つとなっています。ダウンタウンでバスに乗ると、空き缶の入った大きなゴミ袋を担いでる人が一人は乗ってきます。空き缶はお金に換えられるので、彼らの収入源になっているのです。お尻の割れ目が見えちゃってるパンツの穿き方をした人も、地面につきそうなくらい頭を下げて歩く人も一人は乗ってきます。基本、皆さん静かな感じなのですが、ごくたまにキレまくっている人がいます。先日、宙に向かって怒りながら「やめろー！いい加減に俺に指示を出すな！」と叫んでる人にバスで隣に座られた時は正直、怖かったです。いつ殴られてもおかしくないな、という状態で。あ、あと、犬のうんこは全く落ちていないのに、ダウンタウンにはたまに人糞が道に落ちています。そして、不景気になるとどうしても少数ですがヘイトな犯罪が起きてしまうそうです。女性が夜でも一人で歩ける地区というのを教えてもらいました。他には、どのサイトを見たらいいか。カナダの銀行の通帳を作ること。いい物件を見つけたらすぐに内見に行き、その場で決めること。

日本のように「ちょっと考えさせて」の時間が全くないのです。競争率が高すぎるのです。

入学金と引っ越し代、急にお金が入用になりました。荷物の整理やらお金の整理やらのために12月のひと月、帰国することにしました。もう2年カナダに住むから、いや、もっと住むかもしれないし、もしかしたらカナダ人と結婚して永住するかもしれないし、未来はわからん。ということで思い切って、東京の倉庫に預けてあった家財道具一切を処分しました。倉庫代も馬鹿にならないからね。私の持ち物はトランク2つ分の服だけになりました。なーんにもなくなりました。なーんにも持ってません。断捨離したら心が軽くなると信じて。私はいつでもどこでも移動できるんだぞ、羽が生えたみたいじゃないか、と。しかし、実際は、後悔ばかりです。段ボールいっぱいの総額100万円以上はした服たちは、たったの1000円で買い取られました。何千冊もあった本はたったの5万円で買い取られました。今でも後悔でいっぱいです。アイフォンが「2012年の今日」みたいな思い出アルバムみたいなの勝手に流すでしょう？　それを見ては「あ！　この服！　処分しなきゃよかった」と悲しくなります。私から皆さんにお伝えしたいことがあります。「断捨離は一度にすな！」。

さて、そんな帰国中、オバンジャーズから連絡がありました。「2月中に引っ越したいなら、もう探し始めた方がいいかも。今、家探しは相当困難らしいよ。なんなら暇なメンバーで良さげなとこ探しとこうか？」と。なんてもってこいな提案。是非是非でお願いしていたある日、ビデオ電話がかかってきました。「今、内見してるんだけど、ここ、どう？」と。古いアパートメントですが、立地よし。広さよし。ただ古いのでそんなに綺麗じゃない。オバンジャーズから見てどう？と聞くと「ここは良い」とみんな言います。実際には見てないが……彼女らの勘を信じよう。カナダはメディテーションが生活にしっかり根付いてて、こう、心を落ち着けるとか、心の声を聞くとか、スピリチュアルと科学と医学が混ざったような健康法がすんなり受け入れられていて、彼女らもちょいスピリチュアルなメディテーションをしています。私の偏見です。メディテーションしてるから五感、六感はビンビンでしょう。

リベラルなバンクーバーでも悔しいかな、契約ごとは白人男性がいると強いようです。というわけで内見に同行してくれたメンバーの一人の旦那さん、デビさんがその場で交渉し、電話越しで契約が成立しました。大家のおばさんは、なかなかやり手な顔をしています。「彼女は有名なタレントだよ。大抵の日本人が彼女のこと知ってるから誰かに聞いてみな」。この一言で大家がノリノリになりました。後に知るのですが、私はどこの大家からしても絶好の店子《たなこ》らしいです。まず、日本人。日本人のイメージは「汚さない」「家賃を滞納しない」だそうです。で、独身、50代女性、が付きますと「パーティーしない」「静か」が付き、その上私は日本のタレントでWikipediaに載っていることが「身元保証」になるそうです。確かに。私が大家だったら私に貸したいもんな。

学校も決まり、家も決まり、何もかも恐ろしいほどにとんとん拍子に進んでいます。私らしくない。なんだか東京にいた頃の私と全てが反転していきます。なんでも人に頼る。タレントパワーを使いまくる。加奈子さんは「今まで頑張ってきたんやから、タレントパワー使ってええんやでぇ。テレビに出ることで助けられた人もいるはずやから、今度はやっちゃんが助けてもらえばええんやでぇ」と。加奈子さんはいつも認めてくれます。東京でもそうでした。この人がいなかったらポキッといってただろうな、って時期も、私を認めてくれました。

さて、1月にバンクーバーに戻りウキウキで新居のチェックに行ったのですが……。玄関が汚い。ゴミと埃《ほこり》と蜘蛛の巣と……そして臭い。なんだろう、一歩入った瞬間になんだか気持ちがどよーんとしました。いやいや、私に霊感なんてないでしょう？　あの心の声を聞いている人たちが何も感じなかったんだから。これがスタンダードだよ。確かに、カナダは日本よりちょっと雑です。細かいことを気にしないので、リュックは平気で床に置きますし、そしてそれを平気でテーブルに置きますし、ナイフやフォークもテーブル直置きですし、野菜とかそんなに洗いませんし、トイレは大体汚いですし、そう、大丈夫。日本が綺麗すぎるだけ。細かすぎるだけ。部屋に入ると……全体的に汚いです。床にあるヒーターは埃がびっしり、電熱コンロをつけると真っ黒い煙がモウモウ、ブラインドは壊れてて、換気扇は油でギトギトで……いかん。悪いところにしか目がゆかん。確かにリビングは広いです。20畳はあるでしょう。窓からは山も見えるし、静かだし……でも、デビさんがいた時は掃除もするし、壊れた箇所は全て修理すると大家は言っていたのに……つーか、部屋が臭い。なんだろう。なんか臭い。

大家に「壊れた箇所があるから直してください」と頼むと「私はマネージャーじゃない！　大家だ！　リスペクトはないのか？」とキレられました。え⁇　「じゃあ、マネージャーの連絡先を教えてください」と言うと「マネージャーはいない‼」と怒鳴られました。じゃ、誰に言えばいいんだよ！　これがカナダのスタンダード？？？？？？

（バンクーバーに2、3年住んだ後知るのですが、日本人、しかも英語がそんなに話せないと……稀《まれ》に足元を見る大家もいるそうです。入室の時から壊れているものを、退出の時壊したから弁償しろ、とか……。ま、それは日本も同じか。内見、部屋の引き渡しは必ず複数人で行くの当たり前だよ、と中

国人の移民コンサルタントに言われました）
3日かけて掃除しました。1日目は床にあるヒーターの何十年分の埃取りと換気扇の油取り。夜まで一人で掃除しました。ヒーターからは足のほっそい茶色い蜘蛛がたくさん、わらわら出てきました。
2日目は全ての壁、棚、床の水拭きと消毒。夜まで一人で掃除しました。また結構な数の蜘蛛が出てきました。棚の奥から埃まみれのひしゃげた靴が片方出てきました。動物の毛らしき塊もそこかしこから出てきました。天井の四隅に張られた蜘蛛の巣を取り除きました。綺麗になればきっと素敵な部屋になる。四隅に盛り塩をしておきました。小さな花を一輪、飾っておきました。
3日目は、学校の友達も来てバスルームとキッチンの掃除を手伝ってくれました。クローゼットの床の角に穴が空いてたりして、そこから蜘蛛が出てくるんじゃないかと全ての穴を塞いで……しばらくしてクローゼットを開けたらもうそこに蜘蛛がいました。泣いてしまいました。この部屋には住みたくない。

せっかくオバンジャーズが探してくれたのに、断ったら悪いのと、自分一人じゃ部屋を借りるなんてできないのとで好きになろうと努力しましたがダメでした。大家の人柄もダメでした。私はこの部屋の電気の笠の中の虫まで取り除くほど完璧に掃除して、シャワーカーテンを新品にして、1ヶ月分の家賃を払って解約しました。元々、直接部屋を見ずに契約したので、見てから解約してもいいという約束でした。契約が発生するのはまだ先で、大家の好意で早く鍵をもらっていたのです。その間に私が勝手に掃除をした、ということです。大家は綺麗になった部屋を見て、一瞬まんざらでもない、という顔をしたように見えました。

これも勉強です。で、私から皆さんにお伝えしたいことは「物件を決めるのは臭いを嗅いでからにせい」。

ジャパニーズセレブリティ

2022年1月、一からの家探しです。サイトを見て良さげなところに電話をし内見のアポイントを取ります。が、これがまあ難しい。まず、電話した時には大抵の部屋にすでに借り手が決まっています。出ました、大らかカナダ。「だったら削除しといてくだせぇよ」と言いたくなります。もう一つの問題は私のリスニング力。ただでさえ聞き取れないのに、電話になるともう、英語じゃなくてなんかの呪文を唱えてるようにしか聞こえません。ネイティブの英語と、インド系の訛りの英語が苦手です。アポを取ってバスで1時間もかけて現地に行ったら、すんごい冷たい態度で「は？　もう借りられてるけど」なんてこともありました。帰り道カフェに入ってホットチョコレートを飲みました。北米のホットチョコレートの糖分量は恐ろしいですが、喉がヒリヒリするほどの甘さじゃないと、悔し涙は飲み込めないよ。

ほぼ勘でアポイントを取っている中、私のひどい英語にもイライラせず話を聞いてくれる人がたった一人いました。ビルディングマネージャー、スティーブンです。声から察するに、彼もネイティブではなく、ご陽気な性格のようです。「俺は日本人に好印象があるから日本人に貸したいんだよねー」。

日本人のイメージの良さ！　先人たちに心から感謝です。アニメと日本食は、ダサいおじさんたちが「クールジャパン！　クールジャパン！」ってしつこく言うものだから、逆に「それ程でもないんでしょう?」と怪しんでいたのですが、私の想像していた10倍の人気でした。すでに世界のいろんな国で日常の一つになっているとは。なんか、日本人は日本人の良さを知らずに、最近は自分たちで自分たちを窮屈にして、縮こまらせて、もったいないよね。あ、逆にこの「もったいない」という言葉は世界共通語になったと聞いていましたが、私の周りは誰も理解できません。

内見の日がやってきました。スティーブンは当たり前のようにご陽気に30

分遅刻してきました。大丈夫か？

バンクーバーでは前の人がまだ住んでるのに、平気で内見をさせます。本当に、普通に生活している留守宅にズカズカ上がり込みます。海外は土足生活のイメージがありますが、ここバンクーバーは靴ぬぎ生活の方が多いように感じます。この家も土禁のようですが、スティーブンは平気で土足でズカズカ入ります。「あ、いいよ。靴脱がなくて」。え？ よくないでしょ？「早く入って入って」。

いい間取りです。しかも明るい。「もっといろんなとこ見ていいよ」とスティーブンに言われても、私はなんだか悪い気がして見られません。

「ヤスコ、で、どうする？」。このアパートメントは本当はペット禁止だそうですが、スティーブンが「内緒だよ」とオッケーを出しているので、住民のほぼ全員が犬を飼っています。そしてここにも部屋のサイズに合わない大きな犬がいました。でも、この部屋、そういえば犬臭くありません。前回の教訓を思い出します。「部屋は臭いを嗅いでから決めろ」。ここは臭くない。蜘蛛もいない。そしたら答えは一つ。「ここに住みたいです！」。

前回の教訓活かしまくりで、独身、50歳、タレントをアピールしておきました。スティーブンは言いました。「98パー、ヤスコに決定だね」と。書類に色々記入しました。

さて数日後、98パー決定だったはずがスティーブンから暗い声で電話がありました。「ちょっと貸せないかもしれない」と。「オーナーがヤスコの勤めている会社を調べたけど、昔の車しか出てこないって言うんだよ」と。はい？　昔の車……それ人力車！　うちは人力舎！

どうやらオーナーは私の職業詐称を疑っているそうです。「証明できるものってあるかな？」「だからウィキペディア！　早くウィキペディア見て!!　私の名前入れりゃ出てくるから。日本人に聞いて。大体、私のこと知ってるから！　有名だから」。

カナダに来て変わりました。私は自分のことを芸能人だと言う人間になりました。有名人だと言う人間になりました。「恥ずかしい」に鈍感になってきました。生きるのが楽になってきました。

無事、家が決まりました。が、また問題発生。私が帰国していた12月にバンクーバーは記録的な大雪に見舞われ、流通がストップしていました。それとまだまだ続くコロナの影響で、とにかく家具がなーんにも手に入らない状態でした。IKEAに行っても90パーセントがアウトオブストックです。マジで。ソファベッド、ベッドフレームはゼロです。ひとっつも在庫がない。そしていつ入荷できるかわからない。IKEA以外の家具屋を探しても在庫なし。ネットで探しても在庫なし。困った。家が見つかっても寝られない。でも引っ越しの日は近づいています。

グレンダに相談すると「Facebookに中古品をやりとりするクラブがあるらしいから、そこで探しなさい」と。はい？　クラブ？　私もグレンダもコンピューターにとんと弱いです。クラスメイトにFacebookのアカウントを作ってもらい、使い方も教えてもらい、マーケットプレイスというサイトの存在を知り、中古家具を探す毎日が始まりました。

素人同士の売買。安く品物が手に入ります。しかし良心的な人もいれば、写真と違う詐欺みたいな品を出す売り手もおり、約束しておいて当日来ない買い手もおり、お互いドタキャンは当たり前、な世界だそうです。早く予約すればいいってものじゃなく、早く取りに行ける者勝ちの世界です。2週間後に取りに行くと約束しても、私より早く取りに行ける人が現れると平気で約束を反故《ほご》にします。しかもこちらになんの連絡もなしで。引っ越し当日は車の免許のあるクラスメイトのヘレナとリョウジがトラックを借りて、家具を引き取り、新居まで運んでくれる予定です。そのスケジュールを立てなければいけません。ここでテーブルと椅子をゲットして、移動してここでベッドフレーム、で、一旦新居に来てもらって……となると何時にここへ行けば？？？　こういうのが苦手だからタレントになったのにーーー!!　頭から湯気がしゅうしゅう噴き出てきます。こんな時はスナック菓子を口いっぱいにねじ込んで、落ち着け、落ち着け、咀嚼、咀嚼、咀嚼。仲本ぉ～（マネージャー）。

またやられました。引っ越し2日前に、売り手がサイトから消えていました。嘘だろ？　スケジュール組み立て直しだ。これがよほどストレスだったのか、微熱が出てしまいました。だるさと微熱……え……まさか……コロナだったらどうする？　世間ではオミクロンという変異株が流行していました。ひゃー。今は困る。本当に困る。レンタカーだって、IKEAの配送だって、Wi-Fiの工事だって手配したのに、引っ越し日を変えるのは無理だ。日本ほど簡単に、なんでも日にち指定、時間指定できないのです。一度キャンセルしたら、次はいつになるやら。

この時期、検査キットは手に入らず、もちろん、医療崩壊でどこのクリニックも受け付けてくれません。微熱しか症状がありませんし、ネットで調べるとコロナじゃないようですが、でも万が一……。引っ越しの手伝いに来てくれる人らに連絡しました。「私はコロナかもしれないし、コロナじゃないかもしれない」。大事をとって、みんなには来ないようにしてもらいました。引っ越しも泣く泣く延期しようとした時、ヘレナとリョウジが「基本トラックにいるからヤスコに接触しないし大丈夫だよ」と志願してくれました。チナミは「最近、コロナに罹《かか》ったばかりなので平気です」と志願してくれました。

「♪ドヲナ　クローズ　マイ　アイズ♪」

エアロスミスが頭の中で流れました。ヘルメットを手に横一列になって歩く3人の姿が目に浮かびます。ありがとう。ありがとう。アルマゲドン、オミクロン、なんか語感がちょっと似てるよね。涙が止まりませんでした。


引っ越し当日。新居のドアを開けました。むわ〜ん。なんだ？　この湿気？　続いて猛烈な毒物的な臭い。くさっ!!

スティーブンが「ヤスコが入居する3日前には壁も天井もペンキ塗り直して、キレイにするから楽しみにしててねー」とは言っていましたが、ついさっきまで塗ってたようなぴちぴち新鮮なペンキ臭。ラ、ラリる。しかし、家主がテンション低くちゃ手伝ってくれる人に申し訳ないです。誰よりも元気でいなきゃ。「わー。キレイ。壁も天井も真っ白だね」。口を大きく開けて笑って見せました。あ……なんか苦味が口に入ってきた気がする。あ、ペッてしたい。

さあ、掃除です。前の家に比べたら雲泥の差で綺麗ですが、念のため。

床に這いつくばってせっせと水拭きしていると、小柄でおとなしい小動物のようなチナミが、チナミなりの大声で、常人で言う普通の声で言いました。「ヤスコ、やばいよ。顔が真っ白だよ。血の気が失せてる」。へ？　そう？　立ち上がるとよろめきました。微熱続きのところにペンキの臭いが加わったら、目がグリングリンに回るんですね。

ヘレナとリョウジが家具と共に戻って来て、IKEAからベッドのマットレスが配達され、インターネットの回線工事がされ、夜になると部屋らしくなりました。やっと一息つけました。パンを頬張るとその味の美味いこと。今日は朝から何にも食べてなかったからなぁ、食欲が止まらねえぜ。2つ目をぺろり、3つ目に手を出した時、気づきました。あれ？　私、元気じゃね？

引っ越しが終わったと思った途端に健康体に戻っていました。じゃ、あの体調不良はなんだったんだ？　あれか、私の持病か。もう、メンタルが体に出過ぎて怖い。私は、学生時代は毎日下痢をしていました。トイレに行けない環境に入れられた瞬間に下痢してました。テスト前テスト中にはよく発熱しました。大人になり随分強くはなりました。テレビの収録中に下痢をすることはほぼなくなりました。だいたい収録前に下痢します。収録中、高熱は出なくなりました。ずっと微熱が出ています。あのね……私はプレッシャーに相当弱いの。それにしちゃ頑張って生きてるでしょ。

この部屋にあるのは、中古品と貰い物ばかりです。新品はベッドのマットレス（500ドル）と、カーペット（200ドル）と、マーケットプレイスの怪しげな業者から買ったソファベット（400ドル）だけです。ダニがいたら怖い、というものだけ新品です（※1カナダドル、ざっと100円）。

あとは

・中古ダイニングテーブルと椅子5脚　80ドル
・中古姿見　20ドル
・中古小さな本棚　30ドル
・中古ベッドフレーム（寝苦しくて買い換えますが）　80ドル
・超おしゃれコーヒーテーブル　ジョーダンからの貰い物（中古）

・植物を置く白いおしゃれテーブル　ジョーダンからの貰い物（中古）
・小さい棚　ケンとグレンダからの貰い物（中古）
・衣装ケース　ケンがゴミ捨て場から拾ってきてキレイにしたもの
・かご　ケンがゴミ捨て場から拾ってきてキレイにしたもの
・テレビ　友人がゴミ捨て場から拾ってきたもの
・植木鉢　グレンダからの貰い物（中古）
・ポトスの枝（植物）　グレンダが自分の鉢から切ってくれたもの

以上となります。

物価の高いカナダで日本よりずっと安い生活をしています。そして、なんだかおしゃれな部屋になっちゃってます。見せてあげたい。
カナダ人は日本人ほど物や道具を大切にする感覚は薄いのに、中古品に対する偏見は全くなく、いろんな人がぐるぐると回して使って、結果、それは物を大切に使うことで……面白いです。このアパートメントでも、要らないものは捨てる前に一旦、玄関か地下のスペースに置き、欲しい住人がもらっていくという暗黙のルールがあります。近所の家の前の芝生にも、たまに食器や本、小物類の入れられた段ボール箱が置かれていたりします。気に入った人が誰でも持っていっていいのです。

私はこの引っ越しを機に新品を高い値段で買うのが癪《しゃく》だと思うようになり、マーケットプレイスと中古屋で、少しずつ小物や装飾品など揃えていきました。なんだろう。中古品大歓迎の粒子が体から出るようになったのか、いろんな人が私に物をくれます。電気ポット、炊飯器、平皿、クッション、本棚、急須、湯呑み、植木鉢、プリンター、スピーカー……ぼーっとしてると色々な物が舞い込んできます。ここのアパートメントからは、シューズラック、額縁、本、ワイングラス、スター・ウォーズのジグソーパズルを持ち帰りました。

カナダは電気が暗いです（というか日本が特別に明るい）。この家の寝室に至っては天井に電気がありません。電気スタンドを置くだけです。寝室の床はカーペット敷きになっています。引っ越しした日は薄暗くて気づかなかったのですが、翌日、日の光の中で見ると、なんだか白い毛がカーペットに絡まっています。なんだ？　ガムテープで2回ほどペタペタとしてみると、テープにびっしり犬の毛が付いていました。ぎゃーーーーー!!　気持悪ーーーー!!　よく見るとカーペットのどこもかしこも犬の毛でびっしり覆《おお》われていました。

半泣きでスティーブンにメールしました。写真を添えて。折り返しの電話が来ました。「落ち着け。ジャパニーズセレブリティ。ヤスコが学校に行ってる間にキレイにしとくから」と。じゃ、日取りを決めないと、と言うと、大丈夫だから、ジャパニーズセレブリティ、と言うだけで埒《らち》が明きません。だから、いつ？　いつとかの問題じゃない。いや、問題でしょう？　何？こじれてる？

ある日、学校から帰ると寝室のカーペットが新しく張り替えられていました。ぎゃ！　いつの間に！　勝手に家に入られてる。怖い。怖いがすんげぇキレイになってる。これがカナディアンスタイル。大らかカナダ。

スティーブンはこのアパートメントの他に、大きなビルの管理人もしています。何かトラブルが起きれば全てをスティーブン一人が対応します。大忙しです。どんなことも日本に比べたら驚くほど時間のかかるカナダでは、スティーブンはちょっ早の部類に入ると思います。スティーブンを見ると、住人はみんな話しかけます。彼は人気者です。

一人暮らしになった家。中古のテーブルと椅子、しめて80ドル。
電気の笠はIKEAの一番安い和紙のやつ。
壁の絵はthrift shop（中古屋）で5ドル。鏡も中古20ドル。

入学延期チャレンジ

　2022年2月。新居での生活も落ち着いてきて、あとは3月の入学を待つばかりです。しかし私の英語はまだまだ酷いもので、正直、ネイティブの自然な英語はほとんど聞き取れません。そんな状態でカレッジに通えるのだろうか？　心配で胃が痛い毎日です。なぜわざわざ海外まで来て胃を痛める必要があるのか？　ないよ！　ま、勉強についてゆけなかったら辞めちゃえばいいんだよ、そうよ、私はジャパニーズセレブリティなんだから……ただ授業料が2年で450万ちかい……捨てるには多額すぎる。

　因みにインターナショナルの学生は、カナダ人学生の3、4倍の学費となっております。

　この公立のカレッジに在学中は、週に20時間の労働が許されます。そして2年コースに通い卒業すると（厳密には1年と7ヶ月）、3年の就労ビザがもらえます。その間にフルタイムでゴリゴリに働いて「私はカナダに貢献してるのですよ」と証明して、英語のテストでいい点とって、あと年齢点やら何やら加算して、その年の足切り点をパスし、うまくいけば永住権がもらえるそうです。この学校、特に料理のコースは永住権を求める学生がほとんどだそうです（永住権の取り方の一つ）。

これだけ金と時間を使ったんだ。あ、まだ使ってないか、というか、使うんだ。だったら私だって永住権？　なんかいろんな権利を手に入れたい!!あ、また染まってしまった（後に、私の年齢だと年齢加点がゼロ点で、この方法だと永住権取得はほぼ無理と知ります涙）。

ゲッターズ飯田くんの占いによると、私は「銀のカメレオン座」というカテゴリーに入るそうで、その特徴は「マネが上手で器用、手本となる人や尊敬できる人のマネをして、自分の能力に取り入れる」そうです。番組などでも数回占ってもらいましたが、正直、うーん……信じていませんでした。だって、「マネが上手」って。私は誰かのマネをするというより、独自に苦労して道を開いて、その後を上手に付いてきた人に追い越され、そのまた後ろを付いてきた数々の人に踏み潰され、今や干からびた小枝のように道に落ちているというタレント人生だと思っていたので、そもそもが当たってないじゃん、と思っていました。が、カナダに来て、真逆、真逆の自分になっていき、気づいたのです。周りに染まるのが早い。これか？　私がカメレオンだというのは!?　ああ、今なら占ってほしいなぁ。

3月の入学の1週間くらい前から、学校から続々とメールが送られてきました。学校の規則だぁ、国の規則だぁ、この書類を提出しろ、あれだけ払ったのにまだ○○の金をだせ、フードハンドラーの資格を取れ、だの。何じゃいそのフードハンドラーって？　何が怖いって、その期限が近々で、それが遅れたり、何か不備があった場合は授業を受けさせない、と脅し文句が非常に怖いのです。いや、これは脅しじゃなくて本気かもしれません。だったらもっと前に知らせろよ！　しかしここは外国です。日本の常識は通じないのです。ミスは許されない。コロナの検査で懲りたので四苦八苦しながら、辞書で英単語を調べ、翻訳ツールで翻訳して、変な日本語を読み、もう一回、わからない英単語を自分で辞書で調べて……理解できない。
その上、この学校は課題が結構な量出るらしいのですが、それらは全てコンピューターを使って制作、提出せねばならない、と。出た！　コンピューター!!　無理だ、無理だ、無理だー！　まずは自分の新しいパスワードを作らないといけないのですが、それすらできません。何度作っても「パスワードが違います」と出ます。へ？　しかも学校はマイクロソフトなので、マックユーザーはなんだかんだをインストールして、授業はMoodleを使います、と。「わたくしご存じのMoodleですが」なんて出方をしてきましたが、私にとっては生まれて初めて聞く言葉です。一体あなたは何をされてる方ですの？（アッコ風に）
「Moodleで授業」というページを読むのですが、そのページには色のついた行が沢山あって、その一行を押すとまた新たなページが出てきて、そこにも色のついた行がいっぱいあって、その一行を押すとまた新たなページが出てきて、ねずみ算です。ゴキブリ算です。1匹見たら200匹いると思え、の法則です。無理だ。本当に何もわからない。コンピューターの話になると日本語でもわからないのに。

ヘレナが私を心配して助けに来てくれました。パスワードを作ってくれて、なんとか開けるようにしてくれて、で、Moodle、エクセル、パワーポイントなど使い方を説明してくれましたが、なんせ私はコンピューターの基礎知識ゼロなもので、しかもお互い母国語ではなく英語なので、ヘレナには感謝しかないけれど、正直、何も理解できなくて、21個も年下のヘレナに見せたくなかったですがつい、涙が滲んでしまいました。「ヤスコ、大丈夫だから。コンピューターなんてものは使っていけば誰だって使えるようになるんだから。英語だってそう。誰だって話せるようになるんだから。あなたはバカなんかじゃない」と。その言葉を聞いて大粒の涙になりました。

入学の2日前、Zoomでオリエンテーションが行われることになりました。心配したヘレナが横で見守ってくれることになりました。というか、ここ1週間、ヘレナはうちに滞在しています。ヘレナはシェアハウスに住んでおり、そこには大家も一緒に住んでいるのですが、その大家がちょっと厄介な人でそこにいるのが嫌なんだそうです。ある日ヘレナが夕方に料理をしていたら「うるさい！　静かにしろ‼」とブチギレたそうです。でも大家は夜中の1時でも2時でも好きな時間に平気で大きな音を立てて料理をするそうです。で、ある日は「あなたが一番信頼できる。ずっとここに住んでくれ」と言い出したり。大家の部屋は食べ残しなどが散乱したゴミ屋敷状態だそうです。ヘレナの撮ったビデオを見ると、大家の飼っている2羽の鸚鵡《おうむ》はストレスでしょうか、狭いケージのなかで自分の羽をむしり倒していて、ハゲができていました。

オリエンテーション。画面に映ったのは、40歳くらいの、格闘家のマーク・ハントに似たシェフでした。私たちのクラスのブロック1の担当になるシェフです（映画「少林寺三十六房」方式と言いますか、4週間ごとに内容とシェフが変わるブロック制になっており、17ブロック終えると卒業です）。語学学校の先生の英語とは違います。ネイティブの英語で規則、カリキュラム、コンピューターの使い方など説明をします。約3時間。あれだけ予習したはずなのに。

オリエンテーションが終わってヘレナに聞かれました。どれくらいわかった?と。私は正直に20パーセント以下だ、と答えました。そして、カレッジに行くのを延期できるか、今からでもキャンセルできるのか、明日聞いてみようと思う、と。いつも「You can do it」としか言わないヘレナが「いいと思うよ」と言いました。

随分前にカレッジ見学に行った時、日本語を話せるスタッフに声をかけられ、もしも困ったことがあったらなんでも、と電話番号をもらっていました。彼女に相談すると、学校にはインターナショナルの生徒の相談役の人がいて、とても親身になってくれるから、とアポを取ってくれました。

翌日は校内のブックストアで調理道具の購入日ですが、私は事務局に向かいました。そこで相談役のスタッフに会い、言いました。私は授業についてゆく自信がない。英語クラスなどあれば一旦そこに入ることはできないか?それか、もう少し英語を上達させてから入学することはできないか?と。するとスタッフは笑顔で言いました。「大丈夫。自信を持って。あなたならできる」と。延期が無理なら、こう、英語やコンピューターができない生徒をサポートする何かがあれば……。「大丈夫だから。自信を持って。できる」。いや、できるじゃなくて、何か具体的な策があれば……。彼女は「自信を持って」を繰り返すだけで、早々に切り上げたいようにも見えます。

じゃ、もしも今辞めた場合、授業料の一部は返ってきますか?と聞くと彼女は急に真顔になり「一切の返金はしない」と言いました。え? 授業を一度も受けてないのに? すでに払っている1年分の授業料250万円を? まるまる?

怖い顔で言いました。「まるまる。返金は一切しない!」。

授業料は半年払いか1年払いか選べます。私はすでに1年分払いましたが、半年分払った生徒がなんらかの理由で今学校を辞めても、半年分の授業料は返ってこないそうです。ん?

「じゃ、半年分は……」。言い終わる前に被せてきました。

「規則だから。一切返金しない!」。え?

「だからどっちにしろ途中で辞めても今辞めても250万円は捨てるんだから、今すぐ道具を買って（総額12万円）、1回授業受けて、楽しかったら続ければいいじゃない。そのほうが得でしょう？」と。そして大げさな笑顔に戻りました。

得ぅ？？？？　なんか腹が立ってきました。深く考えずにカレッジに行くなんて決めた自分の浅はかさと、英語とコンピューターのできない自分のバカさが悔しくて、本当に情けなくて、そこに彼女の笑顔が加わって。おお、捨ててやるわ。あえて1回だけ授業受けて、250万ドブに捨ててやるわ！道具もそっくりそのままドブに捨ててやるわ!!

腹わた煮えくりかえりながらブックストアで道具を一式買った時、私の担任になるシェフを見かけました。一応、挨拶しとこう。「本当は入学を延期して少しでも英語力を上げてから入学したいんですけど、授業料は一切返ってこないから入学しますが、ご迷惑かけると思います」。するとシェフが言いました。「それは誰が言った？」と。「授業料を返さないって誰が言った？」と。「そんなはずないよな？」。横にいるアシスタントの女性に聞くと彼女も「そんなはずないです」と。

「一緒に事務局へ行こう。俺が聞いてやる」と。何この展開。

事務局へ行きました。シェフがスタッフに聞きました。「彼女に授業料を返さないって言ったのは本当か？」と。するとスタッフは「そんなこと言ってませんよ」と平気で嘘をつきました。え？　言ったじゃん。規則で１円も返さないって！

「彼女はそう言ってるんだけど」「言ってませんよぉ。彼女の勘違いじゃないですか？　私は説明しましたよ」と。スタッフは驚いたような呆れたような顔を作って笑っています。ええ？

シェフが言いました。「ほら、これこそが証拠だよ。彼女は君の英語すら理解できなかっただろう？　彼女は英語力が足りないから、入学を延期したいと言ってるし、延期するべきだと思う。英語が理解できずに脱落した生徒を何人も見てきた。学校の運営だの金の問題は知らない。ただ我々シェフは常に生徒の味方なんだ」と。

昨日はシェフの英語なんて何にも聞き取れなかったのに、全部わかる。全部聞き取れる。50歳、この部屋で一番年上の私が、彼らの前でおいおい泣いてしまいました。ありがとうございます。シェフ。ああ、このシェフの授業なら受けたい、けど、もう遅い。

しばらくしてスタッフが戻ってきました。「特別に延期できることになったわよ、いつから入学したい？」と。見ると「4月、5月、6月、7月、8月」とありました。延期できんのかい！！！　私は一番遠い「8月」を指差しました。

さて8月入学までにどうやって英語力を上げる？

カナダのスーパー、ファッション

スーパーに行くと違いに気づきます。ほとんどの野菜はパッケージされていません。人参や大根の大きさや形は本当にバラバラです。「え？　これは売り物？」と感じるような、途中で折れたものも売られています。日本のように形は重要ではないのです。

大体の野菜が量り売りになります。どこの国も同じで、少しでもいいものを手に入れようと、というか、下にいいものが隠されていると頑なに信じている人らが、まあひっくり返します。そういう人の後ろから、一番上にある物をスッと取ります。「他の人のことも考えて」の意味と嫌味を込めた、私なりの世直しです。日本では考えられないのですが、たまに「全部腐ってない？」という野菜を売っている場合もあります。その時は私も下から「まともなものはないか？」とひっくり返しますが。

アジアンスーパーで納豆は購入するのですが、全て冷凍されています。納豆は冷凍できたんだ、とカナダに来て知りました。豆腐が硬いです。日本のような歯いらずなつるりんとした豆腐もあるっちゃあるんですが、木綿豆腐を少し水切りしたような、まな板の上で崩れずに切れるものが主流みたいです。そして驚くほど消費期限が長いです。封を切らなければ3週間は持ちます。

＊＊＊

バンクーバーっ子の憧れは「lululemon を着てレンジローバーに乗ること」と言われているそうです。lululemon とはここバンクーバー発のヨガウエアブランドです。性能はよく、ちょっとお高いです。バンクーバー人は平気でヨガウエアで街を歩きます。夏など上はスポーツブラだけでお腹を出し、下はスパッツだけの女性が結構います。男性にいたっては短パン一丁の上半身裸の人も結構います。「この歳だから」「こんな体型だし」と遠慮する感覚は皆無です。老若男女、大中小、自信満々でとても良いと思います。着るものには無頓着なこの街ですが比較的、自分の筋肉を気にする男性が多いです。

私も初めは「何がlululemonだよ」と思春期の子供のようにハスを向いていたのですが、流行りの歌謡曲現象（何度も聞いているうちに口ずさめるようになり、終いにはいい歌なんじゃないか？と思うようになるやつ）と一緒で、あまりにみんなが穿いているので、なんだか欲しくなって、冬のセールの時期、20パーセント引きで1本買っちゃいました。うーん、なるほど、穿き心地良し。先日、スパッツでゴミ捨てしました。私はまだ真のバンクーバー人になれていないようです。お尻のあたりはソワソワ、なんか冷えました。

ここでは人の良いところを見つけられ、そこを認められる人間が高く評価されています。自虐ネタはきちんとした前振りがあり、どう見てもギャグですよ、とわかれば笑いますが、ポツリと呟くような小さな自虐ネタは引かれます。私が友人らからの反応で思ったのは、「ヤスコはこんな小さなことを気にするのか、じゃ、人に対してもそういう小さなことを許せない人間なんだな」と思われているのかな、て感じです。幸運にも私の周りには大らかな人が多く、何度も驚かされます。私は彼らのように「ま、いいんじゃない？」と人を、物事を許せたことがあっただろうか、と。小さいことが気になっていいと思う。観察眼だもの。感受性だもの。でもそれが不必要だと思ったら、彼らのように受け止め流せる人間になりたい。

後輩芸人ゆってぃの声が頭に響きます。「ちっちゃいことは気にするな。それ、ワカチコワカチコ」。いまだに自虐ネタはつい口にしてしまいますが、ちょっと向き合い方が変わったかも知れません。

バンクーバーではユニクロとMUJIはおしゃれ着とされています。日本と比べちゃうと、バンクーバーでおしゃれな服を見つけることは困難ですし、質の割に値段は高いです。こないだ、きっとストレスが溜まっていたんですね、滅多にしない買い物をしたんです。で、家に帰って改めて見て落ち込みました。ただの綿のオレンジのノースリーブのシャツをヘソの辺りでカットしたものを30ドルで買っていました。どうしたヤスコ？

ユニクロとMUJIの値段は日本で買うよりも高いです。なので日本に帰った時、ユニクロとMUJIを買い込みました。日本で爆買いする中国人観光客の気持ちがよーくわかるようになりました。

＊＊＊

自然と共存したこの街は、健康志向の人が多いです。半年間の雨の冬が終わると、半年間の晴れの夏になります。本当に、晴れた途端に街に人が溢れます。朝から夜まで、道ではジョギングする人、サイクリングする人、散歩する人とすれ違います。カフェもレストランもテラス席から埋まります。1分、1秒を惜しむように陽の下に出てきます。週末だけでなく、平日も仕事終わりの人々でビーチは人だらけになります。ビーチの手前の芝生も人だらけです。あまりに人が来るので、バスはすぐに超満員となります。するとバスは「sorry not in service」と表示灯に掲げ、乗車拒否をするだけです。夏はこれがしょっちゅう起きます。ビーチに向かうバスが足りないのはわかっているのにバスを増やすということはありません。なので車道に出てバスのボディをぶん殴るキレまくった人も出てきます。「これで4本目だぞ！！！」と。私は怒って当然だ、と思っちゃうのですが、大抵の人が当たり前とし、ただただいつになったら乗れるのかわからないバスを長蛇の列を作って待ち続けます。役所もスーパーのレジも、バンクーバー人は待つことに寛容です。驚きます。「早くしろよ」こんな言葉や態度をバンクーバーで見たことがありません。逆に「take your time（ゆっくりでいいよ）」と言う場面はよく見ます。

日本人ももう少し待ち上手、物思いにふけ上手になれたらいいのにね。だってそしたら自分も「早くしろよ」って急かされなくなるんですよ。急かされるのって本当に嫌じゃないですか。急かされてうまくいったことありますか？ 大体やり直しでしょう？ 私も含め、日本人が待ち上手になりますように。そして、腰痛がなくなりますように。待ちって大抵、立ちでしょう？ あ、これを書いた後、一年後だったかなぁ？ 定かではありませんが、バスは2連になりました。車両2つを蛇腹で繋げたやつです。倍の人が乗れるようになりました。が、天気のいい、仕事の終わり時間あたりは相変わらず「sorry not in service」になりますが。

野菜はむき出しで量り売りがほとんど。ただ、サラダはパッケージしたものが人気。洗わなくてよくて、結構日もちする。

公園と上の住人

私は人混みが苦手なので夏はビーチに行かず、ビーチの横の穴場の公園で過ごします。この原稿も公園のベンチで書いています。

古い木造アパートメントに住んで1年経ちます（現在、２０２３年春）。バンクーバーの古いアパートメントの特徴なんですが、ここには洗濯機は各部屋にありません。２台の洗濯機を住人が共同で使います。1回、２ドル25セントです。24世帯で2台なので、週末は競争率が高いです。初めは共同で使う洗濯機を信用できませんでした。「ズボラな人はペットの布団や靴も洗濯機で洗うよ」なんて噂を耳にしたからです。下着は手洗いをし、洗濯機を使う前は消毒ウェットティッシュで洗濯槽と、洗濯槽の隙間を拭ってから使っていました。隙間を拭くと毎回、黒い埃がつきました。が、それもだんだん億劫になり、ウェットティッシュで拭うことをやめ、そのうち下着も洗濯機にぶち込むようになりました。なんの弊害もありません。今では全く平気です。

古い建物なので、水道管も傷んで水漏れしたこともあったようで、廊下の天井には大きなシミが2つあります。私の洗面所の上を通っている水道管は現役の水漏れ中で、天井裏には水漏れと天井の腐敗を防ぐために鉄板が敷いてあるようで、誰かが水道を使うと「テン！　テン！　テン！　テン！」と、昔の「火事だー！！」と叩く小さな鐘の40パー掛けくらいの水滴の音が響きます。ま、でもこれはなぜか夜中のほんのひと時にしか鳴らないので平気です。別の誰かが水道を使うとズオーンと大きな音がしますが、これはホワイトノイズなので気になりません。地下駐車場のゲートを開ける音がだいぶ大きかったはずなのに、慣れてしまい気づかなくなりました。

私の部屋の前に八重桜の木があり、春は窓一面がピンクになります。美しすぎて、一人で見ているだけでは勿体無くて、綺麗に花を咲かせる桜にも申し訳なくて、そんな時パートナーが欲しいと思ったりします。隣のアパートメントの前に大きな杉の木があり、それが夏のジリジリ痛いほどの日差しをうまい具合に遮ってくれるので、真夏でもクーラー要らずです。

しかし、そんな素敵で快適な生活に問題が発生しました。何ヶ月か前から急に上の住人の足音がドシンドシンうるさくなったのです。古いアパートメントですから、天井がミシミシ軋《きし》み落ちてきそうなほどです。体重200キロくらいのスノーブーツを履いた巨漢が引っ越してきたのでしょうか。これは困った。私はただでさえ音に敏感なのに、住人運が悪いです。日本では新しく入った上の住人がうるさい、それが理由で何度か引っ越しています。足音はひどく、マネージャーのスティーブンに相談してみました。「新しい人じゃないよ。同じ人がずーっと長く住んでるよ」。え？　じゃ、なぜ急に歩き方を変えた？　変なエクササイズでも始めたのか？

スティーブンは「俺からも注意しとくけど、気にするな、ジャパニーズセレブリティ」と言いました。なので、多分、注意することはないでしょう。彼がジャパニーズセレブリティと言う時は「めんどくせぇなぁ」と思っている時です。案の定、足音は全く変わりません。

心の中では文句はつらつら言えますが、面と向かっては何も言えません。だって、もしも上の住人がレイシストだったらどうする？　許可を手に入れるのは厳しいとはいえ、一応、カナダも銃を持てるしね。国へ帰れ！と言われたら、なんと言い返せばいいの？　悪い想像しかできません。こうなったら……泣き寝入りしかねえ！！！

長くなりましたが、というわけでこの原稿を公園のベンチで書いております。

バンクーバーにはカナダグースと呼ばれる野生のガン？が住んでいます。公園だけでなく道路でもよく見かけます。いつも番《つがい》で行動していて、これといった敵もいなさそうで、楽しそうに見えます。生まれ変わったら愛猫家の飼い猫になるか、カナダグースになるか迷っています。

彼らの鳴き声はガアガア、ガアガア、結構うるさいです。春頃、繁殖期なんでしょうか、とてもうるさくなります。公園の芝生も道端もうんこでいっぱいになります。「なんて素敵な公園でしょう」と芝生で寝転ぶと危険です。草を食べている彼らのうんこは芝生と同じ緑色なので、何度か失敗しました。

そして、猫のうんこくらいでかいです。

今、公園のベンチで原稿を書いていたら、突然、彼らのファミリーがやってきました。2、3家族いるんでしょうか。多い。ざっと30羽はいます。体高30～40センチの成長過程、そろそろ可愛いとは言い難いヒナがほとんどです。彼らがグワッグワッと鳴きながら、向こうから芝生をついばみながらこちらに向かってきました。犯人の遺留品を捜索する時のローラー作戦のようです。きれいに横一列になってこちらに向かってきているのです。ジリジリ近づいてきます。怖い。彼らは人間慣れし、しかも食事に夢中で下しか見ていません。私のことなんか眼中にありません。3メートル、2メートル、1メートル。思わずベンチの上に足をのせました。ベンチの上で膝を抱えじっとしていると、川の流れが岩を避けるように、グースたちはすわーっと私の乗るベンチを避けまた一列に戻り、通り過ぎてゆきました。一度も顔を上げることなく、芝生を食べ続けながら。

これが「共存」なんですね。

彼らが通り過ぎた後には、まだヌルヌルした緑のうんこが落ちていました。入れると出すを同時にできるのが人間とは違うな、と思いました。

さて、この原稿を書き上げた数日後の朝、とてもでかい足音で起こされました。寝室は絨毯張りのはずなので、リビングでどんな歩き方してんだよ！！！てことです。いい加減にしろ！！！　気づけば上の階のドアを叩いていました。もう、レイシストでもなんでも来いや、な気持ちになっていました。

ドアが開かれます。10度、20度、30度、ケンカか？　やるかこの野郎？　しかし開かれたドアの向こうにいたのは、想像とは全く違った、チワワのような小柄な男性でした。おいおいおい、待てよ。どうやってこの人があの足音を立てられるの？？？

怒り絶頂の勢いで「足音がうるさいから少し静かに歩いてくれない？」と言い切りました。すると彼は全く心当たりがない、といったキョトンと不審と怒りを混ぜたような表情をしました。「what?」。ん？　……怖い。

自室に戻り、なんだか心配になりました。どうなるんだ？　逆に嫌がらせでもっと大きな音を立てられるようになったらどうしよう。この物価高で、家賃も軒並み急上昇しています。今、バンクーバーで引っ越すということは、同じような部屋に住むのに10万円家賃があがる、ということです。ああ……。心配しているとドアがノックされました。どきん!!　心臓がきゅうとなりました。ドアを開けると上の住人でした。「もしまたうるさかったらここに電話して。それから、明日、パートナーの誕生日パーティーをするからうるさくなると思う」と、電話番号の書かれたメモを渡されました。

ドアを閉め、急に反省モードに入りました。私の言い方は失礼だったかな？　だったよな。１００パーセント濃縮失礼だった。いや、でも、うるさくしてるのはあっちだし……。

そんなことを思っていたら、上からドシンドシン、いつものでっかい足音がしました。微塵《みじん》も変わってねー！　混じりっ気ゼロの純粋な無自覚のようです。困ったぁ……。

しかし、ご近所さんと憎み合うよりは良好な関係を築いた方がいいし……そうだ！　その見たこともないパートナーにお誕生日プレゼントを贈ることにしました。ダウンタウンに行き洒落た中国茶を買い、それと日本から持ってきた美味しい日本茶と手紙を袋に入れ、ドアノブにかけておきました。明らかに中にいるのにノックしても出てこなかったので。イヤホンでもしてるのかなぁ。わざとだったらやだなぁ、どうしよう。「明日は友達の家に泊まるから、気にせずパーティーは楽しんで。ささやかなプレゼントです」。

友人宅で1泊した翌日、帰宅してまあびっくり。奇跡が起こっていました。足音がしなくなっていました。半年前の静けさが戻っていました。一体何が起こった？　ここからは私の想像です。

パーティー当日。

住人「昨日さ、下の日本人のババアが足音がうるさいって怒鳴り込んできて」

友人A「最悪だね。日本人」

住人「ドアノブにお茶が引っ掛けてあって」
友人B「気味悪いね」
友人C「ところで、アンタどんな風に歩いてんのよ？」
住人「こんな感じだよ」
友人全員「木造アパートでそんな歩き方したらうるさいに決まってるよ！！！」
住人「え？　マジで？」

これを機に彼と笑顔で挨拶する関係になりました、とさ。

街のいたるところにグース。

いつもの食事

一人暮らし歴が長かったもので、体に染みつきすぎているもので、一人暮らしはやっぱ楽です。最初の夜から寂しいと思うことはありませんでした。ま、最初の夜はヘレナが泊まりましたけど。私は人生で一度もホームシックになったことがありません。ホームシックになる人が羨ましいです。どれだけ仲良し家族とパートナーと素敵な生活を送っていたんだろうって。……ん？　いや、待てよ。ホームシックってのは、前の家に戻りたいってことだから、戻りたいと思わない私は、ずっと右肩上がりの生活をしているということにもならないか？　ずっと新しい環境の方が楽しいって、最高じゃねぇか。永遠の挑戦者じゃねぇか。これからも絶対ホームシックなんかなんねぇぞ。絶対に過去の方が良かったって思わねぇぞ。絶対に今が一番楽しくて……絶対に後悔のない人生で……絶対に……。絶対にを言い続けると、サブリミナル効果のようにチラチラネガティブな感情が湧いてくるのは不思議なものです。

毎日の食事は日本食になりました。体に合っているんでしょう。便通が非常に良くなり、自然と痩せてゆきました。あれよあれよと5キロ減、鏡を見たら、これこれ、久々に自分の顔と対面しました。ただ、物価の高さに驚きました。ケール。日本では高くてまだ珍しいケールは、こちらではどこでも手に入る基本野菜となっております。ひと束2・9ドル（2022年2月初め）。野菜の中では安い方です。それがウクライナとロシアの戦争が始まったあたりから相当なインフレになり、すぐに3・9ドルになり、4・9ドルになり、半年もしないうちに5・9ドルになりました。自炊を始めたばかりの頃は、安いし健康にいいし、青臭いにおいが好きだし、とケールをよく食べていましたが、最近は、高くて手が伸びなくなりました。一度育ててみましたが、青虫に全て食べられました。青虫びっしりの葉脈しか残っていないケールが怖くって、それ以来、ケールを食べることがもっと減りました。大好きなマッシュルームも1パック2・9ドルだったものが、3・9ドル、4・9ドルとなり、ひどい時は5・9ドルでした。そして4・9ドルに落ち着きました。しかし、円安の波は止まらず、2024年7月初めのレートで計算しますと、マッシュルーム1パック578円です。もう、円換算するのが怖いです。

卵は12個入りで特売は5ドルくらい、放し飼いのやつは7〜9ドルです。ハムはまずいやつは（5〜6枚入り）4ドルくらい、美味しいやつは8ドルくらい。お肉は全部高くて、安売りの時にしか手を出しません。日本にいる時の「お肉298円、あら安い」の感覚は「お肉7ドル、あら安い」に変わりました。

安い食材を買い、毎日、冷蔵庫の中身を見て、適当に和食を作っています。最近のヒット作は、豚肉と大根炒めです。こちらの大根は小ぶりの細めで水分も少ないです。葉っぱは切り落とされ、メロンなど高級果物にかぶせる発泡スチロールの網網が着せられ売られています。ちょっとお人形みたいで可愛いです。大根はアジア系食材屋で手に入ります。たまにカナダ系のスーパーでも見かけます。アジア系食材屋の野菜は基本、安いです。大体が中国産になります。

大根は薄い輪切りにします。豚肉を油で炒め、大根とキノコを入れさっと炒め、酒、砂糖、味醂、醤油、粉末だしを加え、炒め、煮詰め、絡めます。大根に歯応えを残すのがいいです。「コリッ」と「ショリ」の間みたいな食感がたまりません。

あと、ふりかけ。ちりめんじゃこと胡桃を炒め、青ネギを加え炒め、醤油、酒、粉末だし、で水分がなくなるまで炒めます。玄米にかけて食べたら4杯いけました。

あ、こちらの青ネギは、なぜか頭の方が切られて売られています。白1、緑2くらいのとこでスパッと。先っぽをなぜ食べないのかわかりません。切り落とした根っこをプランターに植えるのですが、気温が低いからか、芽ねぎみたいな極細のしかできませんでした。

あとは、ピリ辛納豆スパゲティ。ベーコンとニンニクと玉ねぎをオリーブオイルで炒め、ゆでたパスタを加え、昆布茶、チキンブイヨン、塩胡椒で薄く味付けます。タレを混ぜた納豆をのせ、中国人の顔のついた瓶のやつをかけて完成。ピリ辛で香ばしくて、パスタ100グラムじゃ足りなくてよ。つーか、その中国人の顔のついた瓶のやつってなんだよ？ですよね。なんかねぇ、食べるラー油みたいなやつです。ラベルに写真がついているんですが、それが男前の青年にも見えるし、ショートカットの痩せたおばさんにも見えるし、よくわかんないです。でもそのメーカーのが美味しいです。唐辛子とニンニクと豆とエシャロットらしきものがカリッと揚げてあるのかな？で、山椒のきいた赤い油と混ざってて、あとなんか色々……わからん。物足りないなって味の時に乗せると、いい働きをします。

ヘレナの告白

シェフの一言でいとも簡単に入学の延期はできました。さて、次は語学学校選びです。私はビザの関係上、カレッジが始まるまで最低3ヶ月はどこかの学校に所属していないといけません。

一問着《ひともんちゃく》あったカレッジのスタッフでしたが、入学延期で彼女の手を煩わせたわけですから、彼女のオススメの語学学校2校を見学することにしました。どちらも彼女の元職場だそうです。彼女に幾らかのマージンが入るのかしら？　いかん!!　完全に人間不信になっている。完全に腐ったな。これじゃより口角の下がったクソババアになるぞ。

カナダでは人生で平均4、5回、職業か会社を変えるそうです。と、グレンダが言ってました。グレンダは美容師から自宅でチャイルドデイケア、そして現在のホストマザーと3職目です。ちなみに腰が痛くて子供を持ち上げられなくなった時にデイケアと白髪を染めるのをやめたそうです。

まず1校目。大手のその語学学校はスタッフの対応の悪さと日本人率の高さで遠慮しました。

2つ目も大手の学校。そこはスタッフの対応がよく、丁寧に説明してくれました。しかし教室を覗くと半数がアジア人です。

「彼らは日本人？」「いえ、韓国人と中国人です」「本当？」「本当です。ひとクラス、日本人は2人いるかな？」。マジでか？「明日までに手続きすると、キャンペーンで授業料30パー引きです」。マジでか！！！心理学でよく言われるでしょう？お願いをする時はまず難易度の高いことを先に言って、次にそれより難易度の低い、本当のお願いを言うといいと。1校目に比べたら2校目がすんげえよく見えて、即契約しました。

翌週の月曜日、登校してびっくり。私が入れられた生徒数22人のクラスの約半数が日本人でした。しかも日本人も含めどの国の生徒も10代から20代前半の子ばかり。大人ゼロ。居づらいじゃねーか。

この学校は日本の学校によく似ています。教科書中心の詰め込み型。先生の質は前の学校に比べると、うーん……。授業時間が長く、ランチタイムは30分だけ。カフェテリアはありませんから窓のない教室でみんなサッと済ますだけです。ジップロックに入れた、食パンにチーズとペラペラのハム1枚挟んだだけのお手製節約サンドイッチをモソモソ齧っていると、韓国人の女の子らに話しかけられました。

「ヤスコは有名人なの？」

「？」

「日本人の子たちが言ってたよ」

「あっ、まあ、一応」

「すごいね。ねえねえインスタやってる？　教えて、教えて」

前の学校では10代の外国人、しかも初対面となると、こちらからナウシカの心で近寄らなければ会話は始まりませんでした。そりゃそうだ。自分が10代だった頃、母親と同じような歳のおばさんに声はかけられなかったもの。

逆にもっと歳取った、ひとりぼっちのお婆さんだったら話しかけやすいかも。私、下手に若く見られるからな。秘訣？　私、あんまり笑わないでしょ。だからシワが少ないのよ。違う。何を言ってんだ。あちらさんから話しかけてくるなんて初めてだ。え？

彼女たちからは10代特有の異物に対する攻撃的警戒粒子が全く飛んでいません。ビルマネージャーのスティーブンと同じだ。私の出た番組なんて一つも見ていないし、これからも見る気もないのに、なんでしょう、タレントだと知るとウェルカムになるのです。これが噂のタレントパワーなのか？

私は正直、嬉しかったのです。前の学校でスイス人女子に意地悪をされてから実は10代恐怖症になっていたのでした。いや、東京で普通に働いてたら10代の友達なんて別に欲しくないですよ。なのに心底、郷に入っては郷に従え体質なのか、学生をやってるとマジで学生の頃の心になるんですよ。それが10代だろうが、20代だろうが、クラスで孤立、遠くから観察される、その空気に耐えられなくなるんですよ。友達が欲しい。そして結論に達しました。これからはタレントパワーを使ってこう。

コロナの影響で流通がストップしている、という理由で私はもらえるはずの紙の教科書がもらえませんでした。朝の8時30分から午後2時40分まで、インストールした教科書をパソコン画面で見なければいけません。目の弱い私は、授業の後半には目がイーーーッとなって開けてられなくなります。視力もどんどん落ちてゆき、一番前の席に座ってもホワイトボードの文字が読めなくなりました。片頭痛が止まらなくなりました。この頃から今までなかった老眼が急激に進み、近くも遠くも見えなくなりました。頭の後ろ半分が白髪だらけになりました。歯医者で「これは神経がやられてる。早く抜かないと大変なことになる」と言われ、上の奥歯を2本抜かれ、左では嚙めない状態です。目、髪、歯、の不具合……それ老い！　老いの加速がすごい。

老いを抱えながら頑張ってます。クラスメイトとも楽しくやっています。この学校は韓国の子、台湾の子も多いです。顔も似ているると中身も似るのか、妙に居心地がいいです。やっぱり近くて近い国だと思いました。

しかし、日本人の多いこの学校、いつも教室の前で知らない誰かが待っています。そして言われます。「写真とってください」。初めのうちは良かったのですが、それも毎日続き、トイレの行列で待っている時にも言われるようになると、ストレスになっていきました。「いいけど、SNSにはあげないでね」から「ごめんなさい」に変わり、その「ごめんなさい」の言い方も徐々に嫌な感じになり、言った直後に後悔し落ち込む、を繰り返すようになりました。「光浦さんですよね?」ならまだいいが、「テレビ出てた人ですよね?写真とってください」は、正直、腹が立ってしまうんだ。名前も知らないがとりあえず話のネタに欲しいだけ。

「自分からタレントパワー使っといて、日本人にはタレントとして接しないとは何事だ!」と、多分、非難する人もいるでしょうね。喪黒福造みたいに私の顔の前に人差し指突きつけて「ダブルスタンダードだ。ドーン!!!」って。

これはね、ダブルスタンダードじゃないんですよ。外国人に日本でタレントやってたって、自己紹介しただけなんです。仲良くなるのが早いから。日本人とも仲良くなれ？　日本人全員とですか？　いや、日本人でも面白い子なら友達になりますよ。選んでるというか、そもそも選んじゃダメなんですか？　私は全ての人に同じように接しなきゃいけないのですか？　ヒューマンのライツはないのですか？

誰にも何も言われてないのに、脳内で言い訳をし、脳内で喧嘩を始めるようになりました。東京にいた頃のようだ。思ったよりストレスになってるな。

そんなある日、カフェでお茶をしていると一人の日本人の女の子から声をかけられました。「光浦さんですよね。学校で友達がいないと聞いたんですけど。私のフェアウェルパーティーに来ます？」と。なんだそれ？　一体どんな噂が流れているのだろう。怖いぜ、ジャパニーズコミュニティ。

週末はプランナーヘレナ（ヘレナも語学学校は卒業し、仕事をしながら自主勉強し、大学の準備をしています）の誘いを断らない、それだけで埋まりました。それがストレス解消になっていました。プチ旅行に行ったりもしました。

（卒業式の呼びかけ風に）バスクリンのような色をした美しい湖ジョフレレイクにハイキング〜。下りで膝をぶち壊しみんなに迷惑かけましたー。かけましたー。

真夏に行ったナイアガラの滝〜。猛暑の中、カッパを着ずに滝の飛沫《しぶき》を浴びましたー。浴びましたー。でも知り合ってまもない人と一つのベッドに2人で寝なきゃいけないホテルは本当に苦痛でしたー。苦痛でしたー。

ケロウナのワイナリ〜。たいして味の違いもわからない己を知りましたー。知りましたー。そして温泉。温泉ー！

温泉といっても屋外にあるぬるいプールって感じです。湯の香はせず、塩素の香りがします。水着着用で男女混浴です。お酒は禁止なのですが、水筒に入れていたらOKという妙なルールがあり、客はみんな水筒酒を飲んでいました。ごっつい純金のネックレスをした陽気なメキシコ人に気に入られました。「俺のネックレスつけてみたいか？　つけてみろ」と、有無を言わさず首につけられます。そして「重い」と言うと「だろ？」と嬉しそうに言ってテキーラ水筒をくれます。私はお酒が弱いので唇だけつけて、いかにも不味そうな顔をすると「面白い顔！」と言ってヒーヒー笑います。で、お喋りしてしばらくすると「俺のネックレスつけたいか？」に戻ります。これを2時間、繰り返しました。なんだこのバカループ。

その日はヘレナの誕生日でサプライズパーティーもしました。

温泉帰り、みんなでうちでお茶している時にヘレナの電話が鳴りました。コロンビアの家族からのようです。しばらく楽しそうに話していたヘレナが急に黙り込むと、ワッと泣き出しました。何か良からぬことが起きたようですが、スペイン語なので理解できません。電話を切ったヘレナは涙目でしたが「大丈夫。大丈夫」と言い、そのうちいつものように笑っていたので大丈夫なんでしょう。ヘレナの喜怒哀楽は平均日本人の10倍と捉えて良いです。

その2週間後、ヘレナに話があると言われました。「もうみんなには話してて、実はヤスコが最後になるんだけど……国に帰ることにした」と。え？

え？　え？

あの日の電話でした。実はヘレナの15歳の息子が、もともと繊細な子だったそうですが、メンタルの方が心配な状態になってしまったそうです。もともとヘレナの留学は、カナダで永住権を取るためでした。それはコロンビアでは生きづらい息子に、自分にあった教育と人生を選んでもらうためでした。「ＵＢＣ（大学）に行くのは私の夢でもあったの。奨学金をもらえなければ、私には授業料を払うことはできないから。この機会を逃したら、もうチャンスはないと思う。でも息子が一番大事だから」「ヤスコには言えなかった。ヤスコに話したら絶対泣くから」。私は泣きました。

泣きながら思い出しました。同じこと言われたなぁ、と。20年来の友人がいます。彼とはすんごく密に会ったり、1年以上連絡も取らなかったり、な付き合い方をしていたのですが、その時も久々に思い出して電話したのでした。「あんた、最近、何してたのよ？」「実は、ガン患ってたのよ」「へ？」。奇跡的に復活してピンピンしてるから良かったもののステージ4だったそうです。「なんでそんな大事なこと教えてくれなかったの！」「だって、あなた絶対泣くじゃん」。

泣いちゃ悪いのか！　悪いのかぁ……。自分が一番泣きたいのに、横で泣かれたらウザいのか？　ウザいのかぁ。気の利いた言葉の代わりに涙しか出てこないんだもん。これも老いの一つかな。なんでみんな私に助けを求めてくれないんだろう。私は広く浅ーく人を助けてる、いやつもりになってるだけで、本当に人を助けたことなんて一度もないんだろうな。助けられてばっかりだな。今だってそう。ヘレナがいなくなったら私はカレッジに通うなんて無理だよぉ。なんでカナダにいるのかわからなくなる……。

ヘレナが諭すように言いました。

「You are strong.

You can do anything」

ケロウナのワイナリーにて。

ヘレナの置き土産

2022年3月。急に決まったヘレナの帰国。出発の日までヘレナは何度もうちに泊まりに来ました。夜はワインを飲みながらお互いのお気に入りの曲（英語に限る）を流し、歌い、「この歌を聴くたびにヤスコを思い出すね」と言われ、泣き、「泣くな」と怒られ、「歳だから」と言い訳するとんはしょうがないな」とヘレナは毎回笑いました。二人で赤ワインを2本空けるようになりました。

私はお酒は弱いのですが、たまーにすんげぇ飲める日があります。経験によると、気のある男性と飲む時は酔わない傾向にあります。「酔った勢いでタッチしても大丈夫か？　デートをOKした時点でOKだよな？　いや、もしやこれはセクシャルハラスメントになるのか？　ヤダァと言いながら二の腕を叩くだけだよ？」と良からぬ妄想を抱いてる時は絶対に酔いません。へレナともいくら飲んでも酔わないのは、脳が緊張しているからでしょう。この時間は限られてるって、無駄にすんなって。

ヘレナがうちにこない日に夜なべしてクジラのフェルトマスコットを作りました。ヘレナはクジラが大好きで、博物館にクジラ展を見に行った時も大興奮していました。赤ちゃんクジラの心音をずーっと聞いてました。手のひらサイズの親子クジラを作りました。ヘレナとヘレナの息子が健やかでありますように……。だめだ。別れを想像しただけで涙が止まらない。これと一緒に渡す手紙のインクも涙で滲んで……なんて歌の歌詞みたいに美しくなくて、やべやべ、鼻水も落ちちゃったとティッシュで拭ったら、まあ真っ黒になっちゃって、汚いったらありゃしない。でもここまでの長文を一から書き直すのは面倒だし、なんせ、カナダは文房具の質が悪いくせに値段が高いから。このカードだって全っ然可愛くないのに9ドルだよ。900円だよ。日本でこの値段払ったら、すんげえ凝った水引がついてくるよ。あ、今度は怒ってる。感情のコントロールができない。やっぱり悲しい。

出国の前日。フェアウェルパーティーが行われました。コロンビア人と日本人ばかり。美しいほどの正反対の国民性だからか両者は妙に気が合います。「オーナーがラティーノだから安心だ」と彼らが言う、お会計が人によって変わる、日本人には質の割には高額な結果になる、行きつけの格安バーでした。そこには名前は忘れましたが、いろんなお酒をちゃんぽんにしたとんでもない飲み物があります。プラスティックのビールジョッキの中に、ウォッカが入ったショットグラス、テキーラが入ったショットグラス、体に悪そうな真っ赤に人工着色された甘い酒の入ったショットグラス、ビールの入った中グラスなどなどが、中国雑技団の椅子芸の如く絶妙なバランスで積み上げられています。ジョッキを傾けて飲み始めると、なかのグラスが順番にがちゃん、がちゃんと傾き、どんどん強い酒になってゆく、というわけです。パーリーピーポー飲料です。

ヘレナは誰かが挨拶に来るたびに、そのパーリーピーポー飲料を空けていました。ガハハハと豪快に笑うヘレナを見て、ふと島崎和歌子さんを思い出しました。今日はヘレナはうちに泊まるんだし、目を見たらまた涙が出ちゃうし、と、私は少し離れた席にいました。初対面の日本人の髪型ばかり気にしている若いヒョロヒョロの男が私の肩を抱いて人生観を語ってきました。これぐらい図々しく生きられたら楽だろうな、と思いました。

ヘベレケになったヘレナとエリがうちに泊まりに来ました。背の高い、ショートカットのエリは元看護師さん。まだ20代なのに私よりもしっかりしています。ヘベレケのヘレナをエリと持ち上げソファベッドに寝かせました。これも最後になるのかな。

夜中、トイレに起きました。お酒を飲むといつもこうです。寝室のドアを開けるとリビングに明かりが。ダイニングテーブルでエリが疲れ切った顔でパソコンを覗いていました。学校の課題でもしているのでしょうか。彼女は今、コンピューター系の学校に通っていますが、とても大変らしく、冬の雨続きの天気も相まって、落ちている時期がありました。このしっかり者のエリが、一度は人前で泣き叫んでしまったそうです。わかる。英語。留学すれば自然と英語が話せるようになんかならなくて、その上、英語で何かを学ぶって本当に大変で、精神的に追い込まれちゃった留学生を何人か知っています。「起きてんの？」と聞くと「大丈夫。大丈夫だから」とエリは言いました。「学校の課題？」と聞くと「大丈夫。大丈夫だから。ヤスコはトイレ行って寝な、寝な」と言われました。何か触れられたくないのかな、そう思いました。

翌朝。別れの日。心配性な日本人は早く起きました。で、リビングに行くとなんか妙。なんか違う。あれ？　なんだ？

エリがすごく申し訳なさそうな顔をして言いました。「夜中にヘレナが吐いて……」。どうやら吐きながらトイレに向かったらしく、家中にゲロをぶちまけたそうです。「ヤスコが可哀想で、できる限り片付けたんだけど……」。昨夜の「大丈夫、大丈夫」はもしやこれだったのか。合点がいった、つーか、え⁇　なんだって？！！　あっ！　そういえばソファがない‼

ベランダにはシミのついたソファが出されていました。その横に枕、シーツ、掛け布団、タオルなどの入ったゴミ袋。全てヘレナのために買い揃えたものでした。

エリは続けます。「実はまだ……」と言って新品のカーペットの上に置いてあるバスタオルを除けるとでっかい赤いシミがありました。この赤は昨日の人造酒の赤っ!! 朝日の中でよく見るとカーペットのそこここに赤いシミ。これは拭いてなんとかなるものじゃない。捨てるしかねぇ。

当のヘレナはというと、そのカーペットの上で襟元にゲロをつけ、髪の毛にもゲロを絡ませてグーグー寝ています。エリへの感謝の気持ちが速攻ヘレナへの怒りにスイッチしました。「何しとんじゃボケェ!!」。

ヘレナを何度か揺さぶって起こすと寝ぼけ眼でヘラヘラ笑っています。「コロンビアスタイルだな。よくあること。気にすんな」と言ってまた寝ました。気にするわ!!


元看護師のエリだからできた対処。エリは今日、カフェのバイトがあるからもう出かけたいのは知ってるけど、心苦しいけど、もう少しエリの手を借りないと一人では無理だ。このゲロのカスを放置して空港に行きたくない。

帰宅してドアを開けた瞬間の臭いを想像したら……ゾッとする。

ヘレナは叩いたところで起きません。二人でトドのようにぼてっと寝そべっているヘレナを転がします。重い。弛緩《しかん》した肉体は本当に重い。最近太ったことを気にしていたヘレナに、そんなことないよ、チャーミングだよ、と本当に心から思ってそう言っていましたが……うん、確かに。

カーペットをたたみ、下の粗大ゴミ置き場へ運びます。その後ヘレナの昨夜の動線を辿り、エリの応急処置では拭い取れなかった赤い斑点を片っ端から拭き、その後コロナ用に買った消毒スプレーを振り撒きます。全部拭き終えたと一息ついた時に、壁に赤いシミを発見しました。どうしてそこにぃ!?想像します。下手人は壁にゲロのついた手をつき体を支え、そのままヨロヨロと歩き、立ち止まり、またオエーッと……ほらここにもあった!! 赤い斑点!! 科捜研の女ばりの捜査です。つーか、なぜ私たちが朝から汗をかかねばならん。ヘレナを喜ばせようと用意してた好物のパンケーキの朝ごはんは? 作る時間なし! 食べる気分でもなし!

エリが雑巾掛けをしながら言います。「マジで、どこにそんなに溜め込めるの?ってくらい、ドヒャーッてすごかったんだよ。出てくるわ、出てくるわ。過去最大だね」。元看護師のエリからの過去最大認定。黒部ダム級だったんでしょう。常々思っていました。外国人は内臓がでかい。日本人、というかアジア人に比べ、他の国の人らはトイレに行く回数が本当に少ないんです。一晩飲み屋にいても、1回トイレに行くか行かないか、ってくらいで。私なんか5、6回は必要なのに。だから日本のトイレ文化は発展したのかしら。使う回数が違うものね。そんなことはどうでも良い。

いよいよ空港に行かねば、の時間が来てヘレナを起こしましたが、二日酔いのようで「気持ちが悪い」とモタモタしています。全然頭が回っていないようです。エリが「アンタ、そこら中に吐いて大変だったんだよ」と言っても「なんで?　キレイじゃん」と。キレイなのはわしらが片付けたからじゃボケェ!!　一回、いいから謝れ。

空港での別れはやっぱ悲しくて。

空港から帰宅。さっきまでみんながいた部屋に一人ぼっち。そういえば「絶対にすぐにバンクーバーに戻ってくるから。それまで預かっておいて」とヘレナが紙袋をいくつか置いていったな。中を見ると、一つの袋はヘレナがよく着ていたコートが2着入っていました。もう一つの袋は洗濯してあるような、ないような衣類がぎっしり。最後の袋は、全て使いかけのシャンプーやら、ボディソープやら、洗剤やらの山でした。「ヤスコ、欲しいものがあったらなんでももらって」とかっこいいこと言ってましたが……何もいらん。洋服も汚いまま放置してたら虫が湧いちゃうよ。はあ、全部洗濯しなきゃ。

私は演歌の魂がDNAにしっかり組み込まれたザ・日本人なんだと思います。どっかでジメジメの別れを期待してたんだと思います。でもヘレナは私の予想を遥かに超えた別れを披露してくれました。おかげで心配していたヘレナロスは大丈夫そうです。全くの正反対だから馬が合ったんだな。

翌日、無事到着の知らせとお礼と謝罪のメールが届きました。「本当に悪いことをした。反省してます。そしてもう一つ謝りたい。ソファとカーペットを弁償することは、私にはできない」。なんだその最後のやつ！！！

あのゲロ事件で友情が深まったのか、エリが色々誘ってくれるようになりました。ご飯やらホームパーティーやら。友達も何人か紹介してくれました。そのうちの一人、メキシコ人のエステバンは、ソファ洗浄機を持ってきて、ソファをキレイに洗ってくれました。なんて優しい。ついでにセビーチェまで作ってくれました。

ジョーダンも色々誘ってくれました。「そういえばヤスコ、植物育てたいって言ってたよね」と、彼氏のジュリアンとお店に連れて行ってくれて鉢やら土やらうちまで運んでくれました。「ジュリアンとシルクドゥソレイユのショー見に行くけどヤスコもどう？」と、私も連れて行ってくれました……あれ？　みんな私に優しすぎる。二人に聞いてみました。「もしや、ヘレナになんか頼まれた？」と。「うん。きっとヤスコが寂しがるから、ヤスコをよろしくねって」。

うううう〜〜〜、へ、へ、ヘレナ〜……のゲロ。ゲロを思い出そう。やっぱ

腹立つ。涙はひっこむ。

夜中に手芸もしました。

ヘレナが大好きなキティちゃんを作りました。

オバンジャーズの柔術習っているお子さんと手合わせ。

新しい出会い

バンクーバーは春になりました。夕方4時には真っ暗になって、毎日冷たーい雨が降る冬が終わりました。まだまだ寒いし、雨の日もありますが、空が青い。甘い匂いがする。春です。

驚いたことに、この街にはそこらじゅうにソメイヨシノが咲いているんです。ソメイヨシノだけではなく、街路樹の花が一斉に咲きます。マグノリアや、ハナミズキや、ツツジや、八重桜や、梅みたいなやつや、名前のわからないとにかく白や薄ピンクの花が咲き溢《こぼ》れるんです。やっぱ元はイギリスだなぁ、ガーデン文化が強い。街路樹だけでなく、庭のチューリップや、水仙や、パンジーや、クロッカスや、もう、名前のわからない美しい花が咲き溢れています。色だらけ。私は色が大好きなので、興奮して、動物フレンドリーなこの街の犬のように舌を出して尾っぽを振ってくるくる回りながら散歩をしています。

しかし、心から楽しめない……そう、3ヶ月間真面目に語学学校に通って勉強したのに、正直、英語が上達していないのでした。相変わらず聞き取れません。英語にあって日本語にない発音は山ほどあります。脳みそは「不必要」と判断した音は聞き取れなくなるんですって。子供のうちは柔軟ですが、歳をとるとなかなか意思で脳みそを動かすことは難しくなります。どれだけ私が自分の脳みそに「この音は必要だから聞き取れるようにしてよ」と頼んでも、私の脳みそは私の言うことを拒絶します。いまだにRとLは一緒、BとVも一緒に聞こえます。母音もa、u、o、全部同じ「あ」に聞こえます。自分の脳みそなのに大っ嫌い‼　ばーか、ばーか、ばーか。

このまま語学学校に通ったとて……カレッジまでの2ヶ月間、どうすれば上達する？　学校を辞め、日中、バンクーバーの各地にあるコミュニティセンターに通うことにしました。生きた英語のシャワーを浴びるのよ。

私は、英会話クラブ、編み物クラブ、indigenous people の歴史勉強クラブ、料理クラブ、ズンバクラブ、なんか話しあうクラブ、に参加しました。編み物クラブではおばさまたちのノンストップ世間話が私の教材となりました。英会話クラブでは一人暮らしのおばあちゃんのノンストップ愚痴が教材になりました。ズンバクラブではただ汗をいっぱいかきました。先生のエリックは底抜けに明るく、顔筋はコロッケさん並に柔軟でした。なんか話しあうクラブでは、みんな正しいことを言っていました。ちょっと斜めから発言したら、コテンパンにやられました。80パー理解できませんでしたが。

それなりに充実した日々でしたが、一つのクラブが大体1時間から1時間半、一人暮らしの私は家に帰れば当然、無言です。これでは1日に生きた英語に触れる時間が少ないです。困った……。

そんな中、実は癌の治療中でなかなか会うことができなかった西加奈子さんから久々のご飯の誘いがありました。ここバンクーバーで西さんは私にとって縁結びの神様のような存在の人です。いつも誰かと繋いでくれます。その神からの久々の神託です。「うちでご飯、せえへん？　二階堂ふみさんも来るで」。はい？　女優の？

どうやらドラマ「SHOGUN将軍」の撮影でバンクーバーにしばらくいるそうです。今、ハリウッドはお金がかかりすぎるため、多くの作品がここバンクーバーで撮影されているのです。こちらは一方的にふみさんの作品を見ててファンだけど……。

ふみさんは小柄で可愛くて、でも喧嘩したら絶対に負けるな、と一目で思いました。ふみさんは撮影のない日は暇をしていて、私は今プー太郎のような生活をしていて、ぬるっとご飯に行く仲になりました。好奇心と行動力と知識が豊富で、随分年下だけど、私はかっこいい先輩ができたような気持ちでした。

ご飯の最中、私の英語力の低さを嘆いたら、ふみさんが「language exchangeしません?」と提案してくれました。撮影中のドラマ「将軍」に宣教師役で出演しているイギリス人俳優がいて、彼は日本語を習いたいんだと。日本での俳優業も視野に入れている野心家だと。渡りに船! カナダに来てからの信条。「誘いは全て乗っかる」。

トミーはびっくりするぐらい日本語が上手でした。お父さんが北野映画の大ファンでその影響でトミーも子供の頃から北野映画を見て、ハマり、日本語を独学したそうです。驚くことに漢字から。トミーは知らない言葉を聞くと「漢字ではどう書くの？」と字を見て意味を理解します。まるで日本人。性格もきっちり丁寧。容貌は……本人曰く、宣教師という役作りのために頭をツルツルに剃って、髭をぼうぼうに伸ばし、体重を落とし、禁欲しているので、本来よりイケてない、だそうです。世間一般からしたら十分に男前だよ。

20分間日本語で会話をし、次の20分間は英語で会話をします。トミーが携帯でタイマーをセットします。それを繰り返します。トミーの役は出番が少なく、しかもコロナの影響で撮影日が延期になったりして私以上に暇だそうで、何かしていないと罪の意識を感じてしまう貧乏性なところが似ていたので、毎週、時には週に2度ほどレッスンすることになりました。カフェで1時間30分きっかり。コーヒー1杯。その後飲みに行くこともなく、非常に品行方正な我々でした。

たまにトミーがセリフを言ってくれたりしました。そんな難しい日本語使うの？

しかも長い。いやいや、日本人だって苦労しますよ、これ覚えるの。「将軍」は日本人エキストラを大募集していました。私も参加したかった。もし農民1で見切れてたら、笑ってくれる友人がいっぱいいるのに。私の今の学生ビザでは働くことができないのです。

トミーとはだいぶ打ち解けてきました。だってあの真面目なトミーが遅刻するようになったんですもん。トミーは撮影が終わったら一旦イギリスに帰国し、日本に留学するそうです。

「トミーくらい日本語ペラペラだったら、日本のテレビや映画に引っ張りだこになるよ」

「マジで？」

「日本は外国人の役者が日本語を喋るんじゃなくて、日本語を喋れる外国人が役者をやってるのがほとんどだから」

「モテるかなぁ？」

「モテるに決まってるよ」

「白人好きの日本人が結構いるのは知ってる（ニヤリ）」

意外と生臭坊主かもしれない。

せっかく仲良くなったのにトミーがここにいられるのは2ヶ月ほどで、もうすぐ帰国です。ああ、トミーがいなくなったらどうしよう……。そんな時、オバンジャーズの一人、ノリさんから吉報が届きました。

「私の友達（日本人）の旦那が、アメリカ人なんですけど、日本語習いたいんですって。language exchangeとか興味あります？」「あります！」小保方さんのようにまっすぐな声で即答しました。「でも、なんで奥さんに習わないの？」「夫婦になると違うんですよ。子育てで忙しいし、旦那に教えるのは面倒くさいんですよ」。へええ、夫婦ってそういうものなのか。

私は勝手に、ちょっと腹の出たメガネをかけた公務員の優しいおじさんを想像しました。


待ち合わせのカフェ。はて、どこにも腹の出たおじさんがいません。時間を間違えたか？　ぐるりと店内を見回すと、ん？　目の前にいる男性が恥ずかしそうな顔をして手を上げました。

「Hi」と。え？　マジでか!?　髪を結んだ背の高いスラッとした若い男性でした。マジでか!?　しかも予想外の男前でした。あぁ～、急に気持ちが萎えてきました。

私は男前が大好きなのに、男前と話すのが好きではありません。美しい人を目の前にすると、自分の容姿の悪さが際立ってゆくように感じるのです。ただでさえ人の視線が苦手なのに。だからショック療法で芸能人になったんですけど。男前の視線は怖いです。汚点サーチライトのように感じるのです。緊張して焦って話すから、どんどん自分の話したいことから逸れていって、違うんです、違うんです、本来の私はもっと魅力的な人間で、って自分を良く見せようとして空回りをするのです。どうせ今回もするでしょう。ああ、萎えてきた……。カナダに来て久々です。私の真骨頂ネガティブ思考のお出ましだーい！

とりあえずテーブルに座ってお互い自己紹介をしました。マイケル。アメリカ西部生まれ。そして彼はこう言いました。「初めに言わなきゃいけないけど、自分はADHDだから喋りすぎて迷惑をかけるかもしれない」と。え？　あ……全然構わないです。なんなら私はリスニングがダメすぎて少しでも上達したいので、話しすぎてくれたら逆に助かります。「しかも自分は相当なシャイで友達もいないから、会話が下手で……」。そういえば彼は一度も私の顔を見ていません。どっかそっぽを向いて話します。逆に非常に助かる！

宣言通り、彼は話し続けました。ADHDの他にも感情のコントロールがうまくできないそうで、今まで大変だったと。体を動かせない日も多々あったと。最近、薬の服用を始め、落ち着いていると。在宅で仕事をしていて、二人の小さい子供がいると。カナダは週末は子供とどこかに出かけ一緒に遊ぶのが当たり前とされているが、自分は疲れてしまってなかなか遊べなくて罪悪感を感じていると。

初対面の私を信用しているのか、これが彼の普通なのか、こんなに吐露していいのかしら？

「ヤスコはなんでここに来たの？」。定番の質問。うーん。今度は彼に吐露返しです。「実は、インターネットに蔓延る辛辣《しんらつ》なコメントを見て、自分のやってきたことは人を喜ばせることじゃなくて、人の捌《は》け口になることだったんだ、ゴミ箱になることだったんだ、と思って悲しくなって。そのうちいつも誰かに否定されてると思うようになって、疲れて、一度休まなきゃって思って。あと……才能がない」。

彼は別に何かを言う訳でもなく、ふーんとただ聞いていました。楽。そのリアクション、すげぇ楽。

私の吐露返しに、彼はもっと吐露返しをしてくれました。

彼のお父さんは白人で、お母さんは黒人なんだと。彼が子供の頃に離婚して、家族で住んでいた時間は短かったと。今はそれぞれに家庭を持っていると。「実は、父親は昔、ドラッグディーラーをしてて」。ド、ド、ドラッグディーラー?? 「それで警察に捕まっちゃって、で、母親と二人暮らしになって、母親が別の男と暮らすようになって、その男が悪い男で、折り合いが悪くて父方のおばあちゃんと暮らすようになって、そのおばあちゃんがとんでもなく厳しい人で、その頃から悪い友達とつるむようになって、悪いことして、でもこのままじゃいけないと大学に行って、今の仕事に就いたんだ」と。

じょ、じょ、情報が多い！　多すぎる!!　壮絶すぎる。小説のような話だ。そりゃ私の吐露なんざふーんだわな。つーか、これに対してなんて返せばいいんだ？

「でも父親も今は改心して農家やってる」

「あ……そ、それは良かったたね」

なんとか一言返す私に彼は続けました。

「で、今はマリファナを育ててる」

「ふぇっ!!」。いかん！　笑ってしまうところだった。そして「改心してねーじゃねーか」と突っ込むところだった。すごすぎると笑ってしまう芸人の世界の悪い癖。落ち着け。アメリカは州によってはマリファナは合法だからね。普通の話かもしれないよ。

「あ……そうなんだ」。頑張って答えると、彼が重ねてきました。

「マリファナ育てるには電気いっぱい使うから。あいつ、絶対、電気は盗んでると思う」

彼の顔を見ると、口角が少し上がっています。私は思い切って聞いてみました。「ごめん。笑ってもいい？」。彼は言いました。「もちろん！」「ぶはははははは――！！！」。すっかり彼と仲良くなりました。

ここから彼とほぼ週1でレッスンすることになります。ちなみに彼のお母さんと私は同い年です。いつか原稿にアナタのこと書いていい？と聞いたら「全部書いちゃって。なんならクソ男に書いて」とニヤッとしました。

バドミントンと医者

　ホームステイ先では毎週水曜日の夕食後、ケンのお友達のボーイズ、と言ってても60代後半から70代なのでおじいちゃんズと呼んでいいのでしょうか、3人がやってきます。春夏、晴れのシーズンは裏庭にあるバドミントンコートでみんなでバドミントンをして、陽が落ちると私たちは自室に戻り宿題、彼らはビール片手に室内でポーカーをします。

　ケンもグレンダもバドミントンが大好きです。カナダ人VS日本人。相手はおじいちゃんばかりですが、まあ強い。中でもカート（70代、画家）は体力があり、背も高く、手足も長く、どこに打っても軽々と届いちゃって、何度対戦しても一度も勝ったことがありません。毎週、バドミントンをしていたので我々も相当強くはなったのですが、ネット側にポトンと落とすのがうまくって「またやられた！」と悔しがるばかりです。カートには一度きのこ狩りにも連れて行ってもらいました。急な傾斜の道なき道をずんずん進みます。1歩がでかい。速度が速い。全くついてゆけませんでした。

我々が家を出る時は冬、雨のシーズンでした。春になったらみんなでバドミントン大会やろうね、と約束していたのをケンが覚えていて、2022年春、久々の全員集合でした。まだまだ私の英語は下手くそで、日本語訛りの英語に慣れていないボーイズとは相変わらず意思疎通をできないものの、それなりに楽しんでいたのですが……。バドミントンをしていて体があったまったのか、なんだかお腹の辺りが痒い。気にするほどでもないか、と服の上からポリポリしてバドミントンを続けていたら今度は背中も痒い。あれ、なんでだ？　そのうち内太ももの辺りも痒い。なんだか嫌な予感です。ゲームが終わり、ぬるっとトイレに行ってズボンを脱ぐと、太ももに蚊に刺された跡のような赤くぽっこりしたものが5、6個ありました。ひゃーー。服を捲《めく》ると腹にも、鏡に映すと背中にも7、8個くらい。ヒャヒャヒャヒャー！

庭に生えている植物にアレルギー反応を起こしたなら、表に出ていた手、足首からでしょう？　虫に刺されるのだって、表に出ているところからでしょう？　ダニは体の柔らかいところを噛むと言いますが、ダニ？　突然ダニ？　バドミントンするまで何もなかったのに？　食べ物といっても、変わったものは昨日も今日も食べていません。一体何なんだ？

せっかくのバドミントン大会で騒ぐのも悪いと我慢しました。夕食も美味しく楽しくいただきました。でも実は痒い。またトイレに行って、一番痒い背中を見ると……もう背中全体がぼこぼこです。いやーーー！　気持ち悪ーい！！！　顔と膝下以外の身体中に赤い痒みは広がっていました。

「どうしたヤスコ？」「なんか、痒くって……」。腕を捲ってぼこぼこを見せると、グレンダは全く気持ち悪がることもなく「ふーん、そうかぁ。痒みはアロエで治るから」と、日焼けした時などに塗る、よく薬局に売ってるボトルに入った緑色のアロエジェルを持ってきました。そして、優しく、のせるように塗ってくれました。あ、お手当だ。なんでしょう、40年ぶりに、いや人生で初めて、実の母から出る強いギュンギュンしたやつじゃなく、ふわりと丸い母性に触れて、ああ私は守られてるって感じがしました。同時に、私のナチュラルキラー細胞が活性化したのでしょうか、その時、すーっと痒みも赤みもひいたのでした。

翌日、早速薬局でアロエジェルを買い、塗ったのですが、グレンダパワーがないと効かないようです。効かないどころか痒みもぼこぼこも、どんどん増してゆきました。あれ？　やばくね？

病院に行った方がいいと思うのですが、どうやって行けばいいのやら？日本みたいに皮膚科に行けばすぐに診てもらえるわけではないのです。カナダでは基本、医療費はタダです。ただバンクーバーでは、私らのような6ヶ月以上滞在する留学生は月75ドル払って医療保険？みたいなものに入らなければなりません。入ればカナダ人と同様にタダで診察、治療してもらえるのですが、その診察を受けるのが至難の業です。

まずはホームドクターに行き診察してもらい、そこで紹介状を書いてもらい、後日、予約を取って専門医、皮膚科とか内科とかに行けるのですが……私にはホームドクターがいません。今、移民が増えて、カナダ人だって全員ホームドクターがいるわけではないのです。そういう人はウォークインクリニックといって、誰でも診てもらえるクリニックにまず行きます。予約いらずで行けるのがウォークインクリニックですが、そのウォークインクリニックもコロナで起こった医療崩壊以降どこもいっぱいで、予約をしなければなりません。その予約も取れたとて随分先になります。そんなに待ってたら取り返しのつかないことになってるか、治ってるわい、というくらい先です。

友人に相談すると「予約を取るより直接行った方がいいよ。結構、診てもらえるよ」と教えてくれました。直接行くと、まあ、けんもほろろ、受付で冷たく「無理」と言われ追い返されました。待合室にいた他の患者が「ひどい言い方だよね」と慰めてくれました。

ウォークインクリニックがダメだとなると、体に不調のある人は救急病院に行くそうですが、そこでは8、9時間待ちは当たり前、「元気な時じゃないと救急病院には行けない」という皮肉があるくらいです。痒みだけだし、死ぬことないだろうし……病院に行くことは諦めました。

薬局に行き、赤いぼこぼこの写真を見せ、飲み薬と塗り薬を買いました。薬局の人がこれを試して効果がなかったら病院に行って、と言いましたが、だから、その病院には行けないんですよぉ。カタコトの英語で説明していたら悲しくなってきて、私、歳でしょう？　ドラマクイーンなところもあるでしょう？　よほど哀れな顔をしていたんでしょう。「ここに連絡したらビデオ電話でお医者さんと話せるから。ここに連絡してみて」と、優しい笑顔と英語で連絡先をくれました。

薬の効果も出なかったので、ビデオ電話の予約をし、ビデオ電話でお医者さんと話しました。薬局でもらった薬で大丈夫だよ、と言ってもらいました。その言葉で安心したのか、もともと大したもんじゃなかったのか、その後2日もするとピークを過ぎ、徐々に回復に向かっていきました。

日本ではよく病院に行ってましたが、ここバンクーバーでは熱も頭痛も腹痛も湿疹も、耳に水が入って2週間ほど痛みがありましたが、自力で治すようになりました（これはいいのか、悪いのか）。今、乾燥からか背中に赤い湿疹ができ、それが痒くて、こんなの初めてで、かれこれふた月近く続いています。「首から下は陶器肌」が売りだった靖子の売りがなくなるかもしれない非常事態です。でも薬を塗ることもせず、体を石鹸で洗わない、柔軟剤とヘアコンディショナーをやめる、という戦法で戦っております。

今は学生で、規則正しい生活をしています。芸能人の時はぐっちゃぐちゃの睡眠時間でした。ぐっちゃぐちゃの睡眠時間はとんでもないダメージを体に与えるんですって。それを30年やりました。その30年で私は鍛えられたのか、それとも元々だったのか、今の私は結構強いです。

バンクーバー人が健康志向で、食べ物に気を使い、とにかく体を動かすのは、こういった医療体制のせいもあるのでしょうね。日本も医療従事者がパンクしちゃう前に、ちょっとだけサービス低下させてもいいかもよ、と思うのでした。

出会い系アプリ

いつでもどこでもいろんな人に聞かれます。「いい人できました？」と。日本にいる時は、私のような人間でもパパラッチが怖く……というか、パパラッチされた後が面倒だなと思っていてなかなかパートナーを作ることができませんでした。「モテない」の代表みたいな立ち位置でいたのにどうやってフリートークをすればいいのかと。なってみれば意外と簡単なことかもしれませんが、なっていない以上、余計な面倒は引き受けたくないと恋愛に真剣になることはありませんでした。と、多分……精神の深いところに蓋しちゃってる系の問題でしょう。ま、その謎解きをするほどタフでも暇でもないからそこは放っておきましょう。

カナダに来たからにはパートナーは欲しいです。私の人生でごっそり抜けているのは恋愛経験です。仕事では十分な経験をしたと自負しています。でも恋愛は……。人生は一回きりだから、知らない世界はなんでも覗いてみたい。

もう52歳。あと何年生きられる？　イチャイチャできる？　老後の茶飲み友達は十分いるし、すでに酔うくらい茶飲んでるし！

で、ここカナダで私に「いい人できました？」と聞いてきた日本人女性らは、みんなこちらでカナダ人と結婚、またはパートナーを見つけていました。そして驚くことに、みんな出会い系アプリで知り合ってるんです。出会い系って危険じゃないのぉ？　セックス目的、金目的、犯罪の温床じゃないのぉ？　笑われました。今じゃ恋愛は出会い系アプリからが当たり前ですよ、と。マジでか？

マイケルに聞きました。「出会い系って危険？」と。「危険じゃないよ。俺も出会い系で奥さんと知り合ったよ」と。マジでか？

「でもセックス目的の人もいるでしょう？」

「そういう人は大勢いるよ。男にも女にも」

「え？　やっぱり危険じゃないか」

「何が危険なの？　セックスしたいって思うことは悪いことなの？　セックスなしの恋愛をしたいってこと？」

「いやいや、そうじゃなくて」

「何が危険なの？」

マイケルがイラッとしています。うーん、なんか否定してるわけでも、討論したいわけでもないんだな。

「私のこの写真を見て男性陣が、わーセックスしたいなんて思わないよね？」

「思わないよ。俺、若いもん」

おっとっと。場を和ませようとして適当に喋ったら、なんでか知らんがフラれたみたいだ。西洋じゃ女性の年齢を気にしないんじゃないのか？　お前はペタジーニじゃないのか？　しかし、真実。この人に言われても嫌ではない。極楽の加藤さんやよゐこの有野と喋っているような気持ちになりました。ああ、みんな元気かなぁ？　会いたいなぁ。みんなも少し休めばいいのになぁ。

私も出会い系アプリに挑戦することにしました。

西加奈子さんちに集合です。オバンジャーズが集まります。オバンジャーズは日本人妻の会ですから、みんな既婚者です。だからドキドキに飢えているのです。おばさんらの時代はアプリじゃなく、実際に声をかけるナンパ時代だったので、誰もアプリの使い方がわかりません。みんな老眼が進んで字が読みにくく、手をぐーんと伸ばして携帯の操作です。

「えーっと、名前を入れて……靖子さんはもちろん偽名でいきますよね？」

「あったりめーよ」

「歳はどうしましょう？」

「いくつまでサバ読める？」

「30代でいけるんじゃないですか？」

「30代は無理でしょ。40代で」

「42」

「バレる！」

「43」

「バレる！」

「46」

「微妙」

「47」

「オッケー」

全員一致で47歳となりました。

写真はオバンジャーズの一人、プロカメラマンのトモヨさんに撮ってもらいました。「ちょっとキメキメすぎじゃない？」「大丈夫。これくらいでいいんですよ」。

トモヨさんはカナダ人の旦那さんとは出会い系アプリで知り合いました。唯一の経験者です。


登録が済むとすぐに登録してある男性陣が見られます。顔を見て良さげな人はプロフィールとそこに添えてある「自分の趣味は……」とか「こんな女性を求めています」の文章をチェックします。気に入ったら右へスワイプ。気に入らなかったら左にスワイプ。ショッピング感覚で人を選んで良いのだろうか。少し良心が痛みますが、いちいち真剣になるな、とアドバイスされました。奇しくも相方の大久保さんが仕事で落ち込む私に言った言葉と同じです。

日本語だったら文章を見ればいろんなことがわかります。虚勢を張ってるのか、素直なのか、笑いのセンスはあるのか、ないのか……。しかし英語となると意味を理解するのが精一杯で、この言い回しはかっこいい、この言い回しは気持ち悪い、などがとんとさっぱりわかりません。オバンジャーズは在カナダ歴が長いとはいえ、ネイティブには敵いません。そのために今日はデビさんも召集しています。ヤスコの恋は one for all, all for one なのです。総力戦なのです。

こちらと相手、互いに右にスワイプしていると「match」と出ます。「この人いいんじゃない？　右！　右だよ！」「えー。じゃあ」。ピコン!!　「match!」「やったぁ！　ほらぁ。言ったじゃない」（得意げ）。もはやゲームです。

そのうち気づくのですが、matchしたとてメッセージを送ってくる人は少ないです。私の場合は10～20パーセントといったところかなぁ。こりゃ数打ちゃ当たる作戦に切り替えだな。

トモヨさんが旦那さんにきゅんと来たのは「僕は今日公園で本を読む予定だから、よかったら公園に来ますか？　来ても来なくても大丈夫ですよ」というメッセージだったそうです。この出会い系アプリでは、98パーセントの男性が筋肉写真を載せています。海か川（上半身裸）の写真か、ジムで鍛えている（上半身裸）写真です。裸がデフォルトか？と思われるこのアプリの中で、筋肉写真を載せていない文学青年的なところに惹かれたのだと。私も惹かれる!!

トモヨさんいわく、念の為、初めて会うのにバーはよした方がいい。「カフェで会いましょう」て人にするべし。会う前に安全確認のためメッセージのやり取りはたくさんした方が良い。

私からメッセージを送ることは一度もせず、待ちの状態で、来たものにはトモヨさんの教えに従って返事をしました。「会わない？」と聞かれれば「もう少しメッセージのやり取りをして、互いを知ってからの方がいいかなぁ」と送り、「飲みにいかない？」と聞かれれば「バーは早いのでコーヒーにしませんか？」と送っていたら、私のこの危機管理能力はただただノリの悪い人に映ったようです。「この歳で何おぼこ気取ってんの？」と映ったのかもしれません。多くの男性が画面上から消えてゆきました。

そんな中、複数回やり取りしている男性の中の一人が「コーヒーでもどう？」と送ってきました。コーヒー。合格です。アレックス。50歳。元役者。そんなに売れてはなかったそうです。そして現在は役者をやめ、メンタルイルネスを持った患者さんらのお世話をするナースになる学校に通っているそうです。そして、彼のプロフィールには身長が低い、そして身長に関したジヨークが載せてありました。私と同じ160センチ。確かにカナダ人の中では低いです。それを明記させるほど、きっとカナダでは体ってのが大事なんですね。だから裸のマッチョ写真を載せるんでしょうかね。何度かやり取りして、私のひどい英語にも寛容というのがわかりました。

会いましょう！

ダウンタウンにあるパッとしないカフェを選びました。ここなら混まないだろう。そして、日本人も来ないだろう。なぜなら私のプロフィールは嘘ばかりだからね。名前、歳、仕事。

ちょっと遅れてアレックスが来ました。丸っとした、可愛らしい顔をした白人男性でした。写真よりちょっと老けてるかも。出会い系はドタキャンや来ないことはしょっちゅうあると聞いていたので、来てくれただけで嬉しくなりました。なんか大きなミッションを一つこなした気分でした。表情を見る限り、優しそうな人です。

しかし、アレックスは声が小さく早口で喋るので、正直……何を言ってるのか30パーくらいしか理解できませんでした。毎回、聞き直し、なんとか意思疎通をしました。でも不思議なことに居づらい感じはありませんでした。いつカナダに来た、今料理を習ってる、以前の職業は……。嘘を語るのは本当に難しいので30パーの真実を混ぜ、若い頃は役者を目指し舞台に立ったこともあったがすぐに諦め、テレビ業界の裏方になった、としました。これなら逃げられるぜ。「裏方って何の？」「何のぉ？　ま、あの、その、マネージャーです」。

なぜ嘘をつくか？　それは詐欺が怖いからです。アレックスはいい人だと感じますが「石橋は叩いて、叩いて、大丈夫と確認して、誰かが先に渡ったのを見てから渡れ」が光浦家の家訓ですから。

私が頑張って嘘の話をしていると、二人組の若い女性が近づいてきました。そして、ひどくゆっくりな日本語訛りの英語で話し始めました。

「アーユー　ジャパニーズ？　アーユー　TVタレント？　キャン　ナイ

テイク　ユア　ピクチャー?」。なぜ今来る。なぜ男女が二人で話してたらデートだと思わない。話の真っ最中に、人の会話を折ることができる????アレックスがきょとんとしています。そして聞きました。「有名人なの?」「え、まあ……あの、なんか昔一度だけ出た舞台を見た人なのかなぁ?」辻褄崩壊。

名前と職業と住んでるとこを詐称したのは相手を疑ってるようで申し訳ない。そして、年齢を誤魔化したのは恥ずかしい。少しでもモテようとした、是が非でもパートナーが欲しいみたいな、そんな自分が恥ずかしい。カナダでは年齢は気にしないと言いますが、こういうアプリではやっぱ若い方に需要があるんじゃやない?

話は通じてなくても2時間だか3時間、あっという間に過ぎました。「有名人なの?」に対する、私の説明するの面倒だな、な顔を見て、それ以上追及もしてきませんでした。いい人だ。

店を出て並んで歩いたら、彼の背は私よりほんの少し低かったです。

アレックスとはその後も会いました。本名も仕事も正直に教えました。歳だけは触れていません。相変わらず上達しない英語を嘆いたら「僕でよかったら英語を教えるよ」と言ってくれました。ただアレックスはいかんせん……声が小さくて早口です。なので毎回「え?」「はい?」と聞き返しています。静かなカフェ以外での会話は難しいです。

先日も飲みに誘われ出かけたのですが、バーで何も聞こえず「はい?」「え??」「へ???」と耳を近づけるばかりで、もういいやと互いに無言になってしまいました。

恋仲にはなりませんでしたが友人にはなれた……のかな。

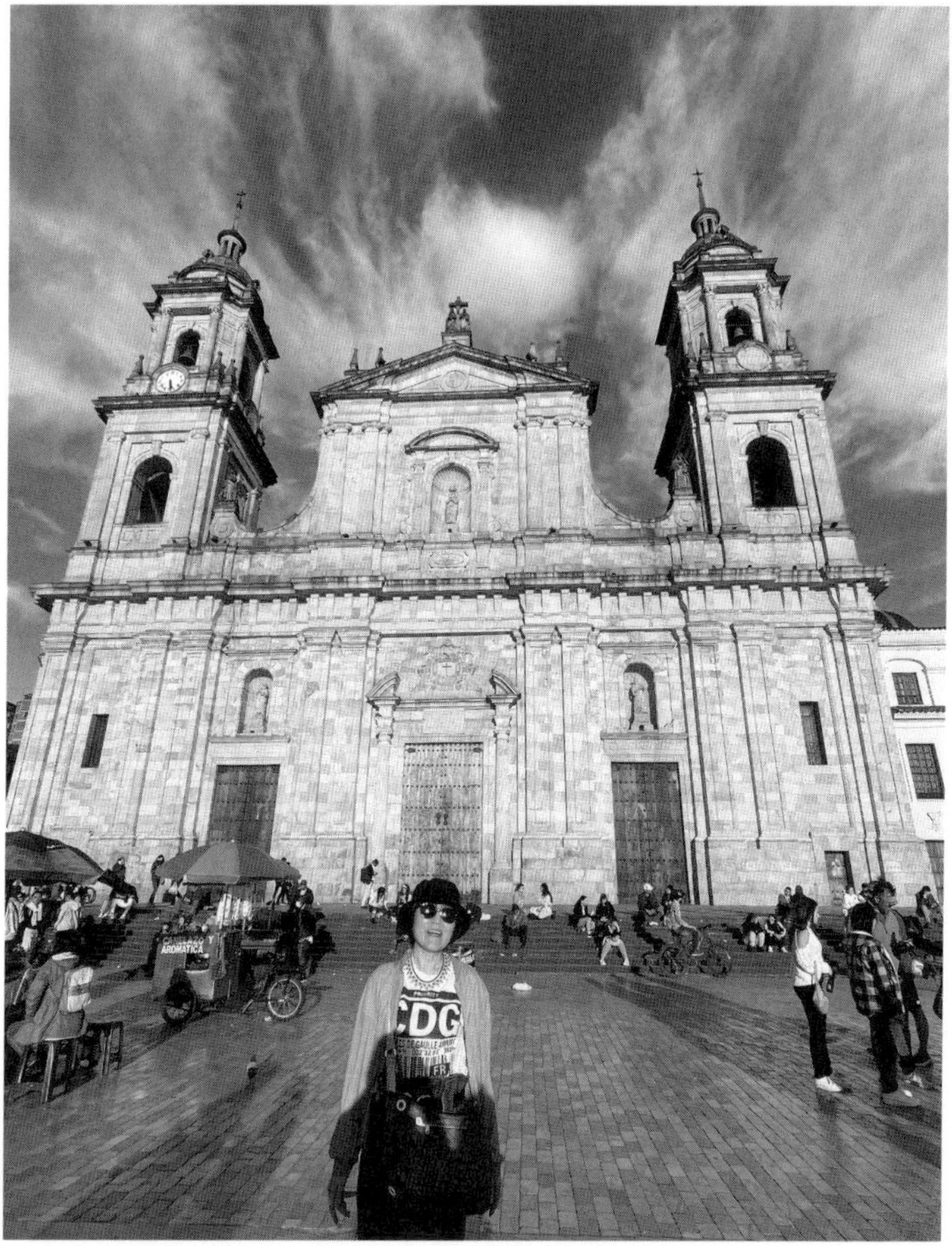

ボゴタのCatedral Primadaにて。

ナイアガラの滝。
思ってたのより数倍よかった。
アメリカ側よりカナダ側の方が良いとの話。

クリスマスマーケット。

メープルの落ち葉で一面真っ赤に。

冬はこんな天気が続き、
天気鬱になる人が多いそう。

朝、霜が降りてこんな感じ。

ボゴタの街。ここはカラフルな古い建物がぎゅっとなった観光地。

ココラバレーにて。

コーヒーパークで乗馬。

ヘレナのお母さんが
作ってくれたアヒアコ。

ヘレナの家の窓からの街。

ワユーバッグの店。
日本の半額以下で手に入る、
地元の人が行くところ。

ヘレナに会いにコロンビア旅

以前、ヘレナに聞かれたことがあります。「コロンビアのイメージって何?」と。

「コーヒーとぉ……」

「うん、うん、コーヒーと?」

「とぉ?」

「コーヒーと?」

「コーヒーとぉ……う、うーん……ドラッグ?」

ヘレナのことだからいつもみたいに爆笑しながら「コラ!」とツッコむと思ったのですが……。ヘレナは「もう、ドラッグってイメージ、本当に嫌!」と怒ってしまいました。あ、まずいことを言っちゃったな、と後悔しました。国に対する侮辱と捉えられても仕方ない。私には映画とかネットフリックスの「ナルコス」のイメージが強すぎて（実在した麻薬王パブロ・エスコバルのドラマ）、ばか正直にしょうもないことを言ってしまいました。ヘレナは怒りながら言いました。「ドラッグは一部の人間が扱ってただけで、コロンビア人のほとんどがドラッグなんて使ってない。ドラッグは悪いものだとわかってるから。だからコロンビア人は使わずに輸出してたんだから」。え？これは笑かそうとしてるのか？　え？　プチパニック。

なのでニュートラルなトーンで返しときました。「輸出しちゃダメだよ」「そうだよね」。ヘレナもニュートラルなトーンで返してきました。たまにわからない。本気なのか冗談なのか。

コロンビアに、ヘレナに会いに行くことにしました。2022年7月。来月からはカレッジが始まります。1年7ヶ月、くっそ忙しくなりますから。

飛行機はバンクーバー国際空港を発ち、メキシコシティ国際空港で乗り換え、エルドラド国際空港到着となります。一人旅は不安。乗り換えは不安。

ネットで調べるとメキシコシティ空港は広い。預けたスーツケースを受け取り、次の便へ自分で運ばないといけない場合もあるから要チェック。英語はあまり通じない。スタッフは人柄はいいが、いい加減なところもある。うーん。

万全を期して臨んだはずが、出発のバンクーバー国際空港のカウンターで「Chec-Migがないからダメ」と言われました。はて？ なんのこと？ 72時間から1時間前までに電子入国フォームとやらを記入しなければいけないそうです。知らんかった！ いつも何か抜けている。「え？ どうしよう」「はい、列から出て、そこにQRコードあるから今すぐ申請して。すぐ！」。やばい。一番苦手なやつ。マジでやだ。英語、コンピューター、手続き、ヤスコの三大無理。ラテン系のおばあちゃんが、娘らしきラテン系中年女性に、ぐるぐるの巻き舌で怒鳴られながら携帯をいじっています。その横で私も携帯をいじります。自分も怒られている気分になります。ヤスコの想像翻訳機が作動します。

「タレントはなんでもマネージャー任せで。そのツケが回ったんだよ。天才は逆に普通のことが出来なかったりする？　お前何、天才気取ってんだよ？　お前は天才じゃない。ただ普通にやるべきことすらできない、社会におけるただの無能、ただの使えない人間だぞ？」

ひゃっ。ヤケで多分これだろ、というボタンを押したら、奇跡的に申請ができました。え？

こういうことを己の力だけで、一発でできたことは人生でありません。幸先の良さに涙が出ます。「自分で自分を褒めたい」。アトランタ五輪、女子マラソンで銅メダルを獲得した時に有森裕子さんが発した言葉です。旅が始まる前に、出ました。

つーか、早く旅に行けや！！！

メキシコシティ空港で2時間くらい過ごし、無事、エルドラド国際空港に着陸。税関がとんでもない行列です。進み具合からすると1時間半はかかりそうです。Wi-Fiに繋がないと、ヘレナがお迎えに来れないよ。二宮金次郎スタイルの読書は集中できない。携帯じゃなきゃ時間も潰せないよ。しかし、Wi-Fiの接続のページがスペイン語で今ひとつわかりません。私がわかるのは「ドンテ　エスタ　エル　バーニョ」、トイレどこ？だけです。英語で前にいる子連れの女性に「Wi-Fiに繋ぎたいの」と画面を見せると、困った顔をされました。そして、多分ですが「あなた英語わかる？」と前の男性に聞いてくれて、前の男性が横の男性に「英語わかる？」と聞いてくれて、「わかんねぇけどWi-Fi繋ぎたいんじゃね？」となって、ご近所さんらで「ここファーストネームね」「あ、ここ電話番号ね」とWi-Fiに繋いでくれました。ラテン系の人は情に厚い。

　コロンビアは圧倒的にアジア人が少ないです。住んでいる人も、観光客も本当に少なく、私のような東洋人顔をしている人間がコロンビアではザ・外国人になり、とても珍しがられます。子供など、ぎょっとした顔で二度見したりします。マジで。

　出口を出られたのは深夜でした。でも人でごった返しています。本当にここでいいのかしら？　ちょっと人の空いたスペースでガラス窓にへばりついて待つこと20分。15、16歳の痩せた男の子が走ってきて、ガラスの向こう側で私の顔を見てニコニコしています。「トーマス!!」会ったことはないが、わかります。ヘレナの息子です。その笑顔で、ガラス越しに一瞬で仲良くなれました。そしてすぐにヘレナがやってきました。「ヤスコー!!」「ヘレナー!!」。変わってない。つーか、少し、綺麗になったみたい。つーか、恋人みたい。つーか、ちゃんと会えた!!「自分で自分を褒めたい」。2回目出ました。

ヘレナの家は首都ボゴタのちょっと物騒な地区にあります。アパートメントの3階にヘレナと息子の住む部屋があり、1階に6畳一間くらいの小さな部屋がいくつかあり、どちらもヘレナが所有しています。この地区に電車の駅ができ、街は開発されるそうです。実際に窓から見える元ストリップ劇場は壊され、工事が始まっています。地価がグイグイ上がるそうです。さすがヘレナ、賢いぜえ。

ヘレナはヤスコをいつも守ってくれます。タクシーを呼んだら、そのタクシーを道で待つのはやめろ、と言われました。ヤスコは必ず建物のドアの内側で待つこと。「万が一、ひったくりにあったりしたらいけないから。あと、この辺りは、必ず私と一緒にいること」。ひゃ。なんだか、怖い。

タクシーが到着すると、まずトーマスが後部座席に滑り込みます。で、私はヘレナに付き添われ外に出て、私が後部座席に乗り込んでドアを閉めたのを確認したら、ヘレナが助手席に滑り込みます。すごくね？　この親子、大統領のＳＰみたいじゃね？

私のことを超平和国ハポンから来た警戒心ゼロ人間だと思っているようです。

ボゴタは未だ、地区によって「気をつけろ」と「全然大丈夫」があるらしいです。観光地は普通に観光できます。

初めての夜はヘレナが用意してくれた赤ワインとカラオケです。そう、バンクーバーを去る前に、二人で過ごした夜の再現です。あの時はつい泣いたりしたけど、今回は笑顔です。トーマスもヘレナが戻ってきてからすっかり元気になったようです。ヘレナと本当に仲が良く、ヘレナの友人である私をすぐに受け入れてくれ、私は滞在中、トーマスの部屋を使わせてもらいました。英語は私よりずっと上手で、この旅の間ずっと私の通訳をしてくれました。3人で笑って、歌って、飲んで、踊って寝ました。ヘレナはあの時の歌を全部インストールしていました。

夜、ベッドで横になると……え？　嘘でしょう？　息ができません。え？　何が起こってる？　吸っても吸っても息ができないのです。え？　機内でコロナにでもなった？　わからない。ただ苦しい。マジで苦しい。落ち着け。まずは、ゆっくり吸って吐いて、吸って吐いて、吸って吐いて……をしてみましたが、全然苦しいままです。もしかして過呼吸か？なんて思い、テレビで見た知識でビニール袋に息を吐きそれを吸ってみたら、余計に苦しくなりました。死ぬっ！　上を向いて、横を向いても、うつ伏せになっても苦しいです。結構な時間、苦しみました。コロナだったらまずいぞ……。

軽くウトウトしてたみたいです。朝の光で目が覚めました。あ、呼吸できる。だいぶ落ち着いたみたいです。リビングに行くとヘレナがコーヒーを淹れてくれました。

「どう、眠れた？　呼吸大丈夫だった？」

「え？　怖い。なんで知ってんの？　あの部屋……そういうオバケでるの？」

「いや、ボゴタは標高が高いから、初日とか息できないって人結構いるから」

「早く言ってよ！」

初日に酒飲んで歌って踊っちゃダメだろう！

ちなみに、ボゴタの標高は２６２５メートルです。標高が２０００〜２５００メートルを超えると高山病になる可能性があるとネットに書いてありました。こわっ!!　そういえば、赤道の上にある国なのに夜はダウンがいるほど寒かったなぁ。標高高いって気づけ。つーか、下調べしとけ。何か抜けている。

昨日は暗くて見えなかった街が見えます。窓からはカラフルな色に塗られた小さな家々と、今にも崩れそうなトタン屋根の家々と、ピカピカの高層ビルと、茶色い石造りの古い教会が見えます。カオスです。ボゴタは新しくって古くってお金持ちで貧乏で、カオスです。エネルギッシュです。

10日間の旅のスケジュールは、全てヘレナが立ててくれました。「任せて！楽しみにしてて」と。

まず、ヘレナの家から車で2、3時間行ったところにある岩塩教会に連れて行ってくれました。岩塩の採掘場の跡地に建てられた教会です。ヒヤッとした湿った空気。日の入らないところ独特のカビと石の匂い。ああ、中学の軟式テニス部の、白線を引く石灰の入っている小部屋を思い出す。石灰が舞って鼻や口に入ってむせたあの時の匂い。どこもかしこも暗闇で、一歩先はズドーンと奈落の底まで掘られたような大きな四角い穴で、そしてとにかく敷地が広い。十字架がほわっと浮かび上がるように青や赤にライトアップされています。私には十分神秘的でドキドキしました。キリストが十字架を背負って歩いたヴィア・ドロローサ（苦難の道）が再現されており14の十字架を巡ります。ヘレナはカソリック教徒で、十字架一つ一つにとても丁寧に祈ります。
ボゴタにはカソリック教会が多いです。どれも美しいです。ヘレナは私に観光案内をしながら教会を見つけるとちょいちょい入ってお祈りします。

黄金博物館にも行きました。スペインに占領される以前の、先住民の金細工が見られます。笑っちゃうような愛らしいデザインのものが多くて、美しくて、とてもいい博物館でした。
ヘレナは「ここにあるような、私らの先祖が作った金細工のほとんどはスペインに持ってかれたんだよ。でも何が悲しいって、私らこの先祖の使ってた言葉を話せないし、文化も違うんだよ」と言いました。ヘレナが迷った時に拠り所になるキリスト教もスペイン人が持ち込んだものだもんね。

コロンビア料理は味付けはさっぱりの塩胡椒が主流です。スパイシーではないです。馴染みやすいです。お米が主食で、焼いたお肉に野菜を添えて、こっが基本でしょうか。切っただけのアボカドがよく添えられていますが、こっちのアボカドは大きくて、とっても美味しいです。甘くない青いバナナを焼いたやつもよく添えられています。あ、あと果物、マンゴーやパパイヤや、トロピカルフルーツの味が違います。日本の桐箱に入ったリッチな甘さでなく、カナダのスーパーの熟しきれてない青い甘さでなく、酸味も含んだ元気な甘さでいつまで食べても嫌にならない。やっぱ地産地消に敵うものはないです。

そんな中、私がハマった料理は「アヒアコ」。チキンとじゃがいもの白いスープです。塩味であっさりなんですが、チキンの旨みがしっかり出てて、じゃがいものポタージュですから、食べ応えあり。とうもろこしが入ってたりもします。私の大嫌いなパクチーも入っているのですが、パクチー臭さを全く感じません。いろんなコロンビア料理をトライしましたが、アヒアコにハズレなし、です。どこのレストラン、食堂で食べても大体美味しいです。一度だけ、近所の肉体労働のおじさんらが集まるような食堂で、定食を食べました。プラスティックのコップ、プラスティックの皿が出る系の店です。美味かったー。アヒアコも美味かったし、チキンをタレにつけて焼いたのも美味かったー。塩胡椒に、ＢＢＱソースがうっすらついてるような味付けで。食べきれないよ、てな量で一人２００円くらいでした。私はこういうローカルな家庭料理が大好きで、毎日行きたいと言いましたが却下されました。

人を家に招いた時、いつも作ってる料理でも「ちょっとお客さんに合わせて」、なんて調味料の配分変えたり、丁寧に切ってみたり、材料をよくしたりすると、逆に不味くなるってことありません？　私はこれを「気取り」と呼んでいるんですけど、この「気取り」という調味料は美味さを軽減する働きを持っています。だから、「気取り」を全く使ってない食堂とか、美味いんですよねー。「気取り」を使わず、「うま味調味料」使う食堂あるじゃないですか。なんやかんや言ってやっぱ、美味くね？

ヘレナの家にはパスカルという名の大きな猫がいます。白の部分とトラの部分のある長毛で、中型の犬くらいでかく体重は10キロだそうです。

ある日、ヘレナが出社せねばならず、トーマスも学校で、半日、一人で留守番しなければいけない日がありました。掃除も洗濯も終わり、でも一人で外出はできないし……つまんねぇなぁ。パスカルがのっそりのっそり出てきて、床で丸まりました。初日以降、隠れることはしませんが、私とは一定の距離を保っていますし、絶対に触らせません。ダメ元でヘレナやトーマスみたいに「おいで」と太ももをパンパンと叩いてみると、パスカルはその図体の重さを感じさせない軽やかさで、ひょいと私の膝の上に飛び乗ってくるじゃありませんか。「あああ〜、肉球の圧〜」。一人で留守番している私を気遣ってくれてる。ポイント押さえすぎだろ。猫の手の平の上で転がされている。
それ以来パスカルは、夜は私のベッドに来るようになりました。というか、元々、トーマスのベッドがパスカルの寝床だったみたいです。寝ている私の上に乗ってくるのですが、いかんせん、重い。胸が苦しい。毛が長くて顔が痒い。しかし体温はこんなにも人をとろけさせるものなのか。ペット我慢し早34年。日本帰ったら絶対飼う!

なか日は国内小旅行となりました。ボゴタから飛行機で1時間、キンディオという県へ。ヘレナが子供の頃に行って、どうしてもまた行きたいというコーヒーパークと、一面緑の丘の美しい景観のココラバレー、小さな風情ある街めぐりです。

さて、キンディオ県へ向かう飛行機なんですが、空港に行くと「火山灰のせいで欠航」となりました。で、深夜に便が変更になり、深夜に空港に行くと「機械の故障で欠航」となりました。行かないとわからんっつーのがねぇ。

この小旅行にはホアンホアンが加わります。ホアンホアンとはバンクーバーで知り合った共通の友達です。語学学校にいたホアンの幼馴染のホアンです。コロンビアの男性にはホアンという名前が多く、2番目に知り合ったホアンなのでホアンホアンとヘレナが命名しました。ちょっと太った短髪の、雰囲気が荒川良々さんに似た20代後半男性。実はとてもお金持ちファミリーの息子で、一流企業に勤めてるらしいです。それを全く微塵も感じさせないのが真のエリートなのかもしれません。ホアンホアンは英語はあまり得意ではなく、それがちょっと恥ずかしいらしく、基本スペイン語を話します。そしてヘレナがいつも爆笑します。ヘレナが言うにはホアンホアンはちょっと毒舌で、相当、面白いらしいです。えー？　知りたーい。笑いたーい。トーマスは繊細な子なのでスペイン語の仲間に入れない私にすぐ気づき、気を使い、話しかけてくれます。トーマスは学校で孤立した経験があります。大丈夫よ。私はだいぶ図々しいおばさんになれたから。ママをごらんよ。ヤスコをほったらかしだよ。なんでしょう。トーマスや私のような人間には、ヘレナのようなガサツで優しい人が必要なんです。

この旅はホアンホアンの友人のコテージを借ります。飛行機の予定がずれたのと、空港から距離があったので、コテージに着いたのは夜でした。田舎なので近くに店はありません。ヘレナとホアンホアンが食料と飲み物を調達しに行くから、私とトーマスは屋外にあるプールで遊んでて、となりました。

誰もいない夜のプールの水は冷たく、寒かったので二人でジャグジーに入っていると、「ズン、ズン、ズン、ズン」。爆音の音楽と共に2組のカップルが入ってきました。体中にゴツいタトゥーを施した、ゴツい金のアクセサリーの、ゴツいガタイのいい男性二人と、布面積のほぼない水着を着た全身曲線でできている女性二人でした。このゴツさ、悪い人らだ、すぐに思いました。ふとヘレナの言葉を思い出します。「コロンビアの治安はだいぶ良くなったけど、田舎の方にはまだマフィアとかいるから」。

出た方が良くない？とトーマスを見ると、全く平気そうな顔をしています。ん？　あ、こりゃまた私お得意の考えすぎか？　この見た目はコロンビアではスタンダードなのか？

彼らは酒を飲みながらキスを始めました。そして、おいおいおい始めるんじゃないか？の勢いでいちゃつき始めました。大丈夫か？　トーマスを見ると全く平気な顔をしています。ん？　じゃ、やっぱりこれはコロンビアではスタンダードなのか？　情熱的な国民性なのか。

しばらく居ましたがやっぱり居心地悪い。トーマスを見ると平気な顔を……いや、違う。完全に心がここにない。彼らをいないものとしてる、いや、自分を透明化してる！　トーマス!!　戻ってこい!!　トーマス!!

怖い男性の一人がトーマスに話しかけました。二、三言葉を交わしました。

「何て?」。聞くと「ここは俺らの貸切だけど、居たかったら居てもいいって言われた」と。「で、何て答えたの?」「ありがとう、って」。居なきゃいけなくなるじゃん!

居づらい感じで5分ほど過ごし、ぬるーっと出てゆきました。ジャグジーですっかり疲れました。

コーヒーパークは森? とにかく緑のど真ん中にありました。ここは気候がガラリと変わり、熱帯雨林気候です。湿気が多くて暑い。入園してわかりましたが、コーヒーパークはジェットコースターなど怖い系の乗り物が売りのテーマパークのようです。え? コーヒーをゆっくり飲むパークじゃないの?

私はジェットコースターに乗れません。落下恐怖症なんです。めちゃイケでも床が抜けて氷水に落とされるような企画がありましたが、いつも恐怖で足が震え、心臓はきゅうとなり、顔は痙攣《けいれん》し、涙が止まらなくなることもあり、ボケるどころか会話さえままならないほどの恐怖しかなく、「コーナー降りるなら、番組やめさせるぞ」にも屈せず、何度もやめさせてください、とスタッフに頼んでいたほどです。なんの自慢だよ？

「ヤスコも一緒に乗ろうよ！ You can do it!」。ヘレナの得意の「You can do it」が出ましたけど、乗れないものは乗れないの。「じゃ……。ヤスコ、荷物見ててくれる？」と言って、私にバッグを預けると3人でジェットコースターの大行列に並んでしまいました。

ただ待つのはつまらない。しかもピーカンで暑い。ここはWi-Fiがないので連絡の取りようがなく移動できません。ベンチに座っていたら、知らない家族から「うちの荷物も見ててくれない？」と言われ断りました。

30分後、「いやぁ、楽しかったねぇ」、ビチョビチョに濡れ大興奮した3人が戻ってきました。水にぶっこむジェットコースターだったみたいです。汗でベチョベチョの私に「別のジェットコースターにも乗ってきていい？」ときたので速攻「ノ」スペイン語で答えました。

集合場所と時間を決め、単独行動となりました。私の楽しめそうな乗り物はありません。とぼとぼ歩いていると乗馬している一行が過ぎてゆきました。これなら。

乗り場ではもちろん英語は伝わりません。でもこの広大なパークで、たった一人の東洋人（マジで一人でした）をみんなが助けてくれました。「この人、乗りたいんだって」「ロッカーに荷物全部預けるんだよ」「ここにサインして。怪我しても訴えないって」。何でしょう、スペイン語は全くわからないのに意味がわかるのです。

背丈や雰囲気で、スタッフがお客さんに馬をあてがっていきます。私のパートナーは、ここでは小さい方の白の牝馬でした。

さあ、出発です。この乗馬御一行、全部で30頭くらいいるかな。

パッカ、パッカ、パッカ、パッカ……一斉に歩き出しました。あ、お尻はちょっと痛いけど、これなら大丈夫そう。緊張を楽しめそう。どの馬もお尻をぷりんぷりんさせて歩いて可愛いね。

道は広いところもあれば、結構細いところもあります。馬は順番を待つということができず、というか素人の我々が馬をコントロールすることは不可能で、馬は馬のタイミングで狭い道に一斉に頭を突っ込みます。ボディがぶつかりそうになります。

「あーーーー！」。隣の女の子の茶色い馬が急に走り出しました。どうやら馬がこのぎゅうづめ感にイラッとしたようです。走ると言っても暴れん坊将軍に比べたら歩くと言っても過言でないスピードですが、乗ってる方からしたらすんごく速く感じますし、怖いです。止まってくれる保証もないですし。女の子が必死に手綱を引いて収まりました。

パッカ、パッカ、パッカ、パッカ……しばらくすると。

「あーーーー！」。またあの子の茶色い馬が走り出しました。何でしょう。列の一番前にいないと気が済まない馬みたいです。よかったぁ。あの馬じゃなくて。

でもイラッとしているのは彼女の馬だけではありませんでした。あっちでも「あーーー！」こっちでも「あーーー！」となってました。どうやらイライラが伝染してしまったようです。
となると、当然、うちの子も。「あーーーーー！！」。走り出しました。無茶苦茶怖い！　速い！　怖い！　速い！　「ごめんなさい。ごめんなさい。一回、止まろう。ね。一回落ち着こう」。手綱を引いて、引いて、引いて、やっと落ち着いてくれました。

一回走られるともう怖くって。完全に馬上、私下の上下関係が作られました。「ゆっくり行こう。ゆっくり行こうね」と語り続けてると「うるせぇ」と言わんばかりに走り出します。そのタイミングがいつなのかわからなくて。それに加え、ノーモーションで、急に頭を下げたりするんです。私が前のめりにズルッてなるでしょう？　絶対舐めてますね。「こっちがビビッてっから舐められんだべ」。歌を歌って余裕を見せてやることにしました。なぜかサザンオールスターズの「真夏の果実」が浮かびました。「涙が　溢れる　悲しい　季節は」。誰も日本語を理解できません。誰も私のことを知りません。大声で歌うのが気持ちいい。空は青い。どこまでもどこまでも青い！　真夏の果実は乗馬に合う。

「四六時中も好　あーーーーー！！！」

緊張と恐怖を楽しんだ？1時間でした。そうなの。1時間も乗馬させてくれるって、良心的すぎやしないかい？


乗馬でもそうでしたが、本当に、スペイン語は全くわからないのに意味がわかるという不思議な現象が起きます。乗馬の後、ベンチでお茶を飲んでいたら、一人の男性に声をかけられました。「ごめんなさい、スペイン語わからないの」。そう言ったのに、彼はスペイン語で話しかけてきました。え？じゃ。こちらは英語で答えますよ？

「どっから来たの？」

「カナダから。留学してて。友達がコロンビア人で、彼女に会いに」

「元々は？」

「日本」

「へぇえ。日本か。俺行ってみたいんだ」

「ぜひ」

「日本のどこに住んでたの？」

「東京」

「マジ？　俺、東京に行ってみたいの」

会話になるんですよ。彼に最近、子供が生まれたって言ってました。父親として頑張らなきゃって。で、本当に、奥さんが乳飲み子を抱いて彼のところに迎えに来ましたもん。合ってますでしょう？　英語とスペイン語で10分くらい会話しました。コロンビア人の大らかさと明るさと、懐の深さのなせる業だと思います。


車でいろんな街へも行きました。どの街も中心に教会があって、その周りに家々があるんです。洋風の古い木造の建物が軒を連ねていて、その1軒ずつがカラフルな色に塗られていて、歩くだけでウキウキするその街で素敵なサンダルを買いました。

ヘレナとホアンホアンは私のために車を走らせ続けてくれました。絶対にヤスコに一番美味しいコーヒーを飲ませたいと、コーヒーで有名な田舎の小さな街へも連れて行ってくれました。でも着いたのが遅くほとんどの店が閉まっていました。探して探して1軒だけ、コーヒー畑の上にある山の茶屋みたいな屋外カフェ?が「ファミリーが宴会してる隣でもいいなら」と、コーヒーを飲ませてくれました。

酸味の効いたフレッシュな、味のしっかりしたコーヒーでした。そこで飼われている犬がふらふら歩いてきました。南米には痩せた茶色い犬がよく似合う。空の色が紫から紺に変わって星がでました。

撮影:ヘレナ

あとがき

この翌月からカレッジ生活が始まります。2年間、同じメンバーで料理を勉強します。国も違えば歳も違う人らと毎日一緒に共同作業します。文化の違いなのか、性格の不一致なのか、当然、衝突は生じます。でも助け合いはもっと生じます。共同作業は助け合わなければ進みません。51なのに、シェフに何度も怒られ、泣きます。7時間の立ち仕事で毎日ヘトヘトです。料理よりも自分の心をコントロールすることを少しずつ学んでいます。笑顔でご機嫌でいることは自分も周りも楽にさせ、仕事でも家庭でも、生きることそのものを効率的にするんですね。こんなことを知らなかった。51歳の無知。このクラスで私の精神年齢は相当低いです。

ちなみに、私の英語力は全く進歩していません。東京にいた頃とほぼ同じです。1年カナダにいたからって舐めんなよ。誰でもペラペラになると思うなよ。英語が聞き取れない状態での授業はしんどいです。このカタコト英語でどうやって自分の意見を言う？　カレッジ編も出版できるといいな。話したいこと山ほどあるから。

初出
「オール讀物」２０２２年５〜８月号、９・10月号、11〜12月号、
２０２３年１〜２月号、３・４月号、５〜７月号掲載分を加筆・修正しました。
「グレンダごはん」「カナダのスーパー、ファッション」「公園と上の住人」「いつも の食事」「バドミントンと医者」「出会い系アプリ」「ヘレナに会いにコロンビア旅」は書き下ろしです。

光浦靖子（みつうら・やすこ）

1971年生まれ。愛知県出身。幼なじみの大久保佳代子とお笑いコンビ「オアシズ」を結成。国民的バラエティー番組『めちゃ×2イケてるッ！』のレギュラーなどで活躍。また、手芸作家・文筆家としても活動し、著書に『50歳になりまして』『私が作って私がときめく自家発電ブローチ集』（文藝春秋）、『靖子の夢』（スイッチ・パブリッシング）、『傷なめクロニクル』（講談社）など。2021年からカナダに留学。

協力・プロダクション人力舎

ようやくカナダに行《い》きまして

２０２４年９月30日　第１刷発行
２０２５年５月25日　第６刷発行

著者　光《みつ》浦《うら》靖《やす》子《こ》
発行者　小田慶郎
発行所　株式会社　文藝春秋
〒102-8008　東京都千代田区紀尾井町３-23
☎03-3265-1211
印刷・製本　TOPPANクロレ

ISBN978-4-16-391901-0
Printed in Japan